AI
探视人类情感
原理与实践

**人工智能驱动的
音乐信息检索**

秦静◎编著

清华大学出版社
北京

内 容 简 介

音乐信息检索是从海量音频信号、音乐的符号表示或网页资源上提取并分析出音乐有意义的特征，用此特征为音乐建立索引，然后设计不同的查询和检索机制，以获得人们想要查询的音乐作品的过程。随着数字音乐的发展，音乐信息检索融合了计算机机器学习、模式识别和人工智能技术，是人工智能应用的典型领域之一。同时，作为计算机技术探寻人类情感等语义的重要领域，吸引了众多学者和业界的广泛关注。

本书论述了以旋律作为主要特征检索音乐的模型及其实现方法，建立基于流形排序的整首音乐内容检索模型，并介绍了相关反馈方法对检索结果的改进技术。另外，解读了基于示例语义的检索模型，论述了如何克服音乐检索"语义鸿沟"问题，将音乐映射到一个语义空间的方法。最后，讲解人工智能技术在音乐检索方向上的发展趋势和全新应用。

本书读者主要是艺术、计算机应用领域的艺术家、研究人员、计算机应用开发人员、数字媒体设计人员、数字音乐产业从业人员及教育工作者。另外，本书对于语音识别、模式识别等领域的从业者也有很高的参考价值。

本书封面贴有清华大学出版社防伪标签，无标签者不得销售。

版权所有，侵权必究。举报：010-62782989，beiqinquan@tup.tsinghua.edu.cn。

图书在版编目（CIP）数据

AI探视人类情感原理与实践：人工智能驱动的音乐信息检索 / 秦静编著. —北京：清华大学出版社，2021.6
　ISBN 978-7-302-58203-8

　Ⅰ.①A… Ⅱ.①秦… Ⅲ.①人工智能－应用－音乐－情报检索 Ⅳ.①G252.7

中国版本图书馆CIP数据核字(2021)第088424号

责任编辑：栾大成
封面设计：杨玉兰
责任校对：徐俊伟
责任印制：朱雨萌

出版发行：清华大学出版社
　　　　网　　　址：http://www.tup.com.cn，http://www.wqbook.com
　　　　地　　　址：北京清华大学学研大厦A座　　　邮　　编：100084
　　　　社 总 机：010-62770175　　　　　　　　　　邮　　购：010-83470235
　　　　投稿与读者服务：010-62776969，c-service@tup.tsinghua.edu.cn
　　　　质 量 反 馈：010-62772015，zhiliang@tup.tsinghua.edu.cn
印 装 者：涿州汇美亿浓印刷有限公司
经　　销：全国新华书店
开　　本：170mm×240mm　　　印　　张：10　　　字　　数：154千字
版　　次：2021年8月第1版　　　印　　次：2021年8月第1次印刷
定　　价：89.00元

产品编号：086774-01

推荐序

具有情感的AI

如今，基于自动驾驶的出租车已经在城市中奔跑，基于人脸识别的门禁系统已经装到了办公大楼门口，基于自然语言处理的智能音箱已经放在了客厅……人工智能早已切实地来到了我们身边。

在不同的经典著作中，人工智能有着不同的定义，主要差异聚焦于对"智能"的理解。从工程技术角度看，我们重新审视冯·诺依曼的计算机体系架构，会发现体系中的每一个要素都有着人工智能的身影，换句话说，只要有"控制"的地方就有人工智能的用武之地。

如何在产品或服务使用人工智能的技术或者让它们具有人工智能呢？一般，人工智能的工程实现涉及三个方面：**专业知识**、**模型算法**和**计算环境**。随着计算机网络的发展，分布式计算越来越强大，计算环境也越来越成熟。模型算法或许是人工智能的具体体现，各种算法及应用层出不穷。然而，算法尤其是基于深度学习的算法是数据饥渴型，数据的完整性、一致性、多样性等因素决定着算法的效果，稍有不慎，就会出现"无用输入，无用输出"（Garbage in, Garbage out），而专业知识是数据价值的有力保证。

以小度智能音箱为例，当我们问"小度小度，我想听×××（歌曲名）"，小度智能音箱会播放这首歌曲。在这个看似简单的场景背后，是多种人工智能技术的集体协作，包括声学信号处理、语音自动识别、自然语言理解、资源检索与发现、自然语言生成、语音合成等，其中内容检索是满足用户最终需求的关键技术之一。

音乐检索技术聚焦于音乐领域，音乐基础理论会对检索技术产生较大的影响。在了解音乐构成的基础上，需要明确音乐的主要特征以及这些特征的数字化表达方式，例如与一般数字信号处理类似的时域与频域特征，音高与音调特征，旋律与节奏特征，等等。面向音乐数据集的这些特征构建索引，根据特征数据收录的不同可以有不同的技术体系。在自然语言处理中，自然语言理解处于核心地位。如果把音乐看成一种特殊的"语言"，那么，

- 对音乐的语义理解意味着什么？
- 音乐的那些主要特征能够表达音乐的语义特征吗？
- 人类情感可以量化吗？
- 人工智能可以具备情感吗？
- 情感化的人工智能在产品设计中的竞争力有多强？

感谢秦博士在音乐检索领域多年来的研究与实践。本书清晰地描述了音乐信息检索的历史与发展，建模与表达，特征的选择与提取，音乐相似度等内容，并且对面向旋律的哼唱、面向示例的内容、面向示例的语义等多个方向进行了积极有益的探索。不论是人工智能领域的入门者，还是资深工程师，或者行业专家，都可以从中系统地了解有关音乐检索技术的核心诉求、实现方法和路径，进而应用到实践中，让音乐给生活带来更多美好和欢乐。

从产品角度讲，基于AI的音乐推荐系统的效率和体验将大大增强，在同质化严重的今天，脱颖而出。

从人类情感角度，这本书也提供了很多思路，读者可以从中体会如何在自己的AI产品中融入类人的情感，极大增强产品竞争力，甚至"科幻"一点，设想一下：具备情感的家用机器人这个市场有多大？

百度DuerOS 首席布道师 曹洪伟

前言

音乐是人类精神文明的重要产物，是人类灵魂的最佳安慰剂。在中华民族五千年的文明中，礼乐文明是重要的组成部分，其中"乐"就是指音乐。古代先贤十分重视音乐在社会文明发展、社会秩序维护方面的重要作用，认为音乐可以帮助维护社会和谐，即所谓"乐至则无怨，礼至则不争"的社会发展理想境界。孔子开经授课，讲授《诗》《书》《礼》《乐》，这些著作构筑了儒家博大精深的政治理论体系，孔子也曾在齐国闻《韶》乐而三月不知肉味，可见音乐对社会和个人精神文明的深远影响。

随着网络和大规模数字音乐产业的发展，音乐的获取和收听以更加便捷的方式呈现在用户面前，如何从海量的互联网数字音乐数据中，找到用户喜闻乐见的音乐，成为音乐信息检索领域要解决的关键问题和主要目标。常见的音乐检索都是以文本检索为主要手段，需要大量的人工标注，大大阻碍了音乐作品的检索和传播，成为数字音乐产业发展的瓶颈问题。

音乐是人类思维的产物，以物理波形为载体，传递着人们对生活的理解和主观感受。情感是音乐先天的属性，音乐是最能够表达人类思想和传播文化的途径。人工智能发展到今天也不同程度地遇到了"语义瓶颈"，如何让机器理解和表达人类情感，成为人工智能技术无法跨越的鸿沟。

为了探索机器理解语义的方法，本书从音乐这一情感载体入手，详细论述了从基于音乐内容到音乐语义的信息检索模式，从而为机器理解人类情感打开一扇有趣的窗口。本书的研究思路、研究方法及其发展历程，在文本、图像和视频领域有相通之处，本书也能使读者进一步理解多媒体信号语义提取方法和应用。

本书融合了作者十余年来在该领域学习研究的经验，对相关算法和方法的论述深入浅出，使得读者能够理论联系实际，更快地从事该领域的工作。

作为计算机领域的专业书籍、科普读物，本书总结、回顾了计算机领域对音乐检索做出的研究工作，为计算机科普人员、青少年读者、模式识别和人工智能领域研究人员、语音处理和互联网多媒体技术研究人员、IT从业者、数字音乐产业服务人员、音乐服务提供商进一步学习和从事音乐信息检索方向的工作，提供坚实的理论和实践案例。

感谢北京师范大学周明全教授、西北大学耿国华教授、大连理工大学林鸿飞教授提供的指导，感谢安雯、孙法莉、马雪倩、高福杰、王伟滨、蒋卓同学的帮助。

衷心感谢清华大学出版社的大力支持和协助，使本书能够顺利出版。

由于作者的水平有限，书中难免有不足和疏漏之处，恳请各位读者提出批评和建议，以便进一步修订和改进。

秦静

内容框架与阅读指南

音乐检索是多领域交叉的检索任务，涉及音乐基本理论、音频信号分析与识别、机器学习和信息检索等诸多领域。从客观的信号到主观的语义，研究内容丰富多样，是一项富有挑战性的任务。在阅读和总结了大量文献的基础上，本书从音乐内容的信号处理出发，最终在音乐语义理解的多个层次上展开探索。主要内容包括以下方面：

1. 音乐信号处理与分析

研究音乐不同低层特征的提取方法，包括音色、旋律、和弦和节奏的提取过程和方法。从低层时频域特征中提取基音频率，对单个音符的基音频率设计分割方法，完成音符分割。对音乐片段，在进行音符分割后，提出了用遗传算法和标准音高建立逼近音高模板的方法，以表示音乐片段的模板。研究了欧氏距离、DTW算法等相似度匹配算法，用于基于内容的音乐检索。

2. 基于旋律的哼唱音乐检索

（1）在研究分析音乐物理及感知特征基础上，以旋律作为主要特征，通过基音提取和动态阈值分割音符算法，为待检索音乐数据集和输入音乐样本建立了旋律表示模型；

（2）应用遗传算法对齐模板，修正哼唱输入个体差异，以提高检索精确度；

（3）应用融合欧式距离和DTW相似度度量匹配模板，以加强容错和泛化能力；

（4）最后由原型系统验证算法有效性。

为了充分利用音乐片段的自相似性和音乐旋律之间的相似度，我们将MIDI音乐数据库中的音乐按照小节分割，并建立标准音乐模板。对哼唱音乐片段进行音符分割和片段分割，使用遗传算法建立了哼唱音乐的逼近模板，设计针对哼唱检索的局部哈希敏感算法。实验表明，该算法对MIDI音乐文件的分割方式比人工标注的方式节省了时间，扩大了处理音乐的范围，且利用LSH对音乐文件建立索引获得较高的检索效率。

3. 基于流形排序的不同风格音乐检索

为了分析和挖掘音乐中表达的潜在语义相似性，本书提出了一个基于流形排序的不同风格的音乐信息检索算法，并通过设计相关反馈改进检索结果。音色是检索选取的主要特征，为了计算音色特征的相似度，要对音乐进行分帧、加窗，对每帧信号计算频谱特征。针对庞大的帧数据，使用高斯混合模型和最大似然估计，对每首音频的频谱数据进行聚类，每个聚类的中心选为典型频谱特征。每首歌曲的典型频谱特征作为数据点，通过流形排序算法为每个点计算排序相关分数值，用这个分数值代替传统的余弦相似度度量方法，可以获得新的排序。同时，流形排序算法的结果，很容易使用相关反馈算法来改进。实验结果证明，基于流形排序的方法，比现有的距离度量方法，有更强的排序能力，能得到更好的排序结果。

4. 基于示例语义的音乐检索

为了使用音乐所表达的语义和人们对音乐的主观感受去查找或发现音乐，本书使用卷积神经网络模型获取音乐语义特征，根据语义特征为音乐产生语义标注，与GMM模型相比，可以获得更好的标注结果。能够将整首歌曲映射到语义空间，在人工标注的语义空间中进行检索，获得较高命中率。

为了改进数据集还存在"人工标注音乐较少，且标签分布不均"等问题，我们使用损失函数调整和SMOTE算法使得算法在标注样本数量较少的标签标注效果。

实验结果表明，基于示例歌曲语义向量（而不是简单的几个文本关键词）进行检索，能获得语义上更相似的结果，是一种更自然的检索方法。

根据标签的标记频率，我们对卷积神经网络输出层损失函数进行了权值调整，充分考虑了低频标记标签对模型学习的影响。同时，采用SMOTE算法对低频标记标签生成新样本，进一步改进算法适应性，获得更好的语义标注效果，以改善整个歌曲的语义检索结果。

另外，我们设计了一个合理的用户交互模型，接收用户对音乐的主观感受，交互式检索或推荐音乐信息，提高检索效率。通过交互界面收集标注信息可以扩展音乐标注数据集，可以改善有监督标记模型标注效率。

在以上内容的基础上，全书的组织结构如下图所示。

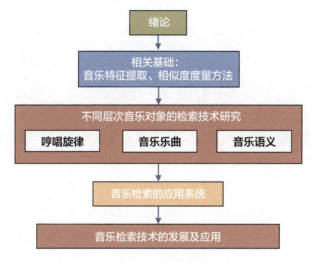

本书组织结构图

第1章是本书绪论。总结音乐检索技术问题及发展历史，论述音乐检索的建模方法，以及音乐检索的主要技术，包括音频特征的选择及提取、音乐特征相似度匹配算法设计、音乐检索接口设计及实用化研究。分析并论述音乐检索技术领域，在音乐内容检索、音乐推荐、音乐播放列表生成等方面的国内外最新技术。

第2章论述了音乐内容的主要特征，包括音乐时频域特征，音高特征，旋律、和弦和音调特征，节奏特征的提取方法，总结了特征提出的主要算法、技术难点及发展现状。论述了音乐特征的自相似性和音乐结构之间的关系，分析了音乐内容全局相似度的度量方法。详细介绍了基于向量空间模型和共现分析的音乐相似度度量方法。通过对上述问题的归纳，得出音乐检索工作的复杂性，论述了音乐语义及音乐特征之间存在的"鸿沟"。

第3章为基于旋律的哼唱音乐检索模型。在研究分析音乐物理及感知特征基础上，以旋律作为主要特征，通过基音提取和动态阈值分割音符算法，为待检索音乐数据集和输入音乐样本建立旋律表示模型；应用遗传算法对齐模板，修正哼唱输入个体差异，以提高检索精确度；应用融合欧式距离和DTW相似度度量匹配模板，以加强容错和泛化能力，设计了基于旋律模板的局部敏感哈希算法。

第4章为基于示例内容的音乐检索模型。提出了基于流形排序算法对不同风格音乐内容进行检索。同时，流形排序算法的结果，很容易使用相关反馈算法来改进。实验结果证明，提出的基于流形排序的方法，比现有的距离度量方法，有更强的排序能力，能得到更好的排序结果。

第5章为基于示例语义的音乐检索模型。基于语义描述的音乐检索是从音乐语义描述文件和人对音乐的主观感受出发，检索音乐信息的一种方式。设计了基于示例语义检索的系统框架，利用卷积神经网络设计了基于语义的检索算法，并论述了损失函数参数调整和SMOTE算法对模型缺陷的改进。

第6章为基于示例语义的音乐检索与交互技术应用。介绍了音乐检索交互系统设计的要点，论述了基于语义音乐检索交互系统的框架和设计思想。详细描述了基于交互的音乐检索和推荐算法，以及如何生成用户语义配置文件。介绍了用户在交互界面上的相关操作是如何转化成语义向量的，并在数据集中检索语义相似的音乐，或为用户推荐符合用户语义的相关音乐专辑。还设计了一个基于语义和交互的音乐检索模型，且开发了原型系统，对音乐信息检索有重要价值和实际意义。

第7章介绍了人工智能在音乐检索技术中的应用，重点介绍了音乐语义提取、跨模态检索技术及智能音乐交互工具的应用。卷积神经网络、长短时记忆网络及注意力机制等人工智能领域热门的模型及技术，被广泛地应用于音乐语义理解及表达，推动了音乐商业、研究、教育等各个行业的蓬勃发展。

目录

第1章　音乐信息检索的产生与发展 001
  1.1　音乐信息检索历史与发展 003
  1.2　音乐信息检索建模与表达 005
  1.3　音乐信息检索相关研究 006
  1.4　国内外研究进展 010
    1.4.1　音乐检索 010
    1.4.2　音乐推荐 014
    1.4.3　音乐播放列表生成 015
    1.4.4　音乐浏览界面 016
    1.4.5　其他检索应用 019
  1.5　研究思路 021
    1.5.1　框架 021
    1.5.2　研发思路 022

第2章　音乐计算理论 023
  2.1　音乐特征提取 025
    2.1.1　时域和频域特征 025
    2.1.2　低层特征和音色 028
    2.1.3　音高特征 030
    2.1.4　旋律、和弦和音调 035
  2.2　音乐相似度 038
    2.2.1　自相似性分析与音乐结构 038
    2.2.2　全局相似度 038
    2.2.3　基于向量空间模型的音乐相似度 039

  2.2.4 基于共现分析的音乐相似度 041
 2.3 本章小结 045

第3章 基于旋律的哼唱音乐检索模型 047
 3.1 哼唱旋律的表示模型及其匹配技术框架 048
 3.2 基于遗传算法的旋律轮廓对齐算法 050
  3.2.1 染色体编码设计 052
  3.2.2 适应度函数定义 053
  3.2.3 算法描述 053
  3.2.4 加权综合旋律模板匹配算法 054
 3.3 旋律模板的局部敏感哈希 055
  3.3.1 音乐文件的模板生成 056
  3.3.2 局部哈希算法 057
  3.3.3 面向欧氏距离的LSH函数族 058
  3.3.4 基于局部哈希算法的哼唱检索 059
 3.4 实验结果与分析 060
  3.4.1 遗传算法实验结果及其分析 061
  3.4.2 哼唱检索系统检索结果及其分析 064
 3.5 本章小结 066

第4章 基于示例内容的音乐检索模型 067
 4.1 基于流形排序的音乐检索技术框架 068
 4.2 流形排序 069
 4.3 音频流形排序算法设计 071
  4.3.1 特征选择 071
  4.3.2 流形排序算法设计 072
  4.3.3 相关反馈算法设计 074
 4.4 实验结果与分析 077
 4.5 本章小结 081

第5章 基于示例语义的音乐检索模型 083

5.1 基于示例语义的音乐检索 084
5.2 基于示例语义的音乐检索系统框架 086
5.3 基于深度学习算法的模型设计 087
  - 5.3.1 问题描述 087
  - 5.3.2 模型设计 091
  - 5.3.3 算法描述 094
5.4 模型改进 096
  - 5.4.1 损失函数调整 097
  - 5.4.2 SMOTE算法 098
  - 5.4.3 基于ELM的语义向量生成 100
5.5 实验结果与分析 101
  - 5.5.1 数据集与语义特征提取 101
  - 5.5.2 标注性能评价 102
  - 5.5.3 检索性能评价 103
  - 5.5.4 实验结果分析 103
5.6 本章小结 111

第6章 基于示例语义的音乐检索与交互技术应用 113

6.1 音乐检索交互系统 114
6.2 基于语义的音乐检索交互系统框架 116
6.3 基于语义的音乐检索交互系统设计 117
  - 6.3.1 基于语义的音乐检索算法实现 117
  - 6.3.2 基于交互信息的音乐推荐算法实现 118
  - 6.3.3 用户语义配置文件的生成 119
6.4 系统实现 120
  - 6.4.1 检索数据集的建立 120
  - 6.4.2 检索交互系统实现 122

  6.5 本章小结 125

第7章 人工智能在音乐检索技术中的应用 127

  7.1 音乐语义提取及应用 128
    7.1.1 音乐语义标注的深度神经网络模型 128
    7.1.2 可解释模型音乐语义模型 133
  7.2 跨模态音乐检索 133
    7.2.1 音乐–视频跨模态检索 133
    7.2.2 音乐–歌词跨模态检索 134
  7.3 智能音乐交互及发现工具 136
    7.3.1 基于LibROSA的音乐信息检索系统评估工具 136
    7.3.2 基于语义图表的音乐元数据复杂性建模 139
    7.3.3 MusicWeb：具有开放链接语义元数据的音乐发现 ... 139
    7.3.4 基于肢体动作相似度的舞蹈音乐检索系统 141
    7.3.5 语义音乐播放器 143
  7.4 本章小结 143

参考文献 145

第 1 章

音乐信息检索的产生与发展

音乐是我们社会中一个广泛的主题，每个人都会收听或者创作音乐。广义上讲，音乐信息检索[1]首要考虑的问题，就是从音乐信号、音乐的符号表示或网页资源上，提取或分析出音乐有意义的特征，用此特征为音乐建立索引，然后设计不同的查询和检索机制，如基于内容的检索、音乐推荐系统或大规模音乐数据库用户界面。音乐信息检索的目的就是从世界上海量的音乐数据中，为每个人提供检索服务。音乐信息检索联系着各种不同的音乐相关实体，为作曲家、演奏家、消费者与音乐作品、专辑、视频片段等建立了联系。这种联系的建立使得音乐信息检索作为一种新兴技术为社会带来了惊喜，尽管追溯到它的历史也只有短短二三十年，但作为一个研究领域，它始终站在技术发展的浪尖上。20世纪90年代起，随着音乐信号的压缩技术的迅速发展，个人电脑计算能力不断增强，使得用户能够在合理的时间内提取出音乐特征。同时，更加广泛的移动端音乐播放器的使用和更多音乐流媒体服务的发展，如阿里音乐、百度音乐、谷歌音乐等，使得音乐消费随时随地发生，鲜有限制。

音乐产业在经历了柱式唱片、胶片、卡带、CD时代后，迎来了全新的数字时代。数字音乐是指以数字化方式进行创作、编辑、存储，通过互联网和无线网络传播的音乐形式，主要分为在线音乐和移动音乐两大类。截至2017年6月，网络音乐用户规模达到5.24亿，较去年底增加2101万，占网民总体数量的69.8%。其中手机网络音乐用户规模达到4.89亿，较去年底增加2138万，占手机网民数量的67.6%[2]。当前主流的因特网站点存储着百万级电子音乐，使得用户查找、检索和发现相关音乐的复杂度大大提高。

目前，主流的业界系统提供的都是人工检索的方式[3]。这种检索通常是基于元数据的，例如艺术家的名字、歌曲名称等，少数表现语义特性的也就只有音乐的风格[4-5]。对音乐集的检索往往只使用了标签或者其他上述文本信息。另外，系统也只提供最基本的音乐推荐和个性化服务，与音乐信号本身的内容无关。这些系统通过检测音乐消费信息、统计播放次数、记录用户点击率，或者其他行为信息来获取用户描述文件[6-7]。此类系统中，用户被表示成为点击率或者播放量计数值的向量。借助向量数据库，可以对相似的用户或者音乐文件进行协同推荐[8]。类似的方法还有使用基于语义标签的用户描述文件，查找相似的用户或者音乐文件。Firan[9]提出一种使用用户收听行为间接生成语义描述文件的方法，他们使用了用户收听行为和从用户个人音乐数据集中提取出来的元数据。这些标签从last.fm这种音乐服务网站获取或者从万维网上的评论、传记、日志、音乐相关的RSS种子等途径获得。文献[10-11]都使用了协同过滤完成音乐的推荐，在流行音乐数据上很有效。

然而，这种方法也存在长尾问题，例如，对不流行的音乐文件，缺乏必要的用户点击率、社会化标签及其他类型的元数据。有证据表明，使用基于内容的推荐，从音频内容本身出发，可以帮助解决该问题。只有很少的研究在用户描述模型上使用基于内容的方法或者融合的方法。这些方法存在一些缺点，其中包括它们都是单独使用音色或者节奏信息的，这些音频信息是低级别的信息，并不能直接转换成高级别的语义信息。研究表明在语义范围内的相关工作可以克服所谓的"语义鸿沟"，即在音频信号中提出的底层特征数据和人类的语义概念之间缺乏联系。

1.1 音乐信息检索历史与发展

早期的音乐检索技术的研究重点在于音乐作品的符号表示，如有结构的数字音乐曲谱表示MIDI等。随着计算能力的增强，20世纪20年代早期产生了大量的音乐信号处理技术，不但从乐谱当中，更能从音乐信号本身提取出不同的底层特征，如节奏、和弦、旋律等。正如Casey[12]所说，这些特征提取技术仍然是当前致力于解决的问题。

同时，音乐还有一些重要的属性，如风格等[13-14]，它们不仅与音乐内容相关，也与一些社会化信息相关，如用户在互联网上贡献的标签评论信息等[15]，这些属性则需要建立用户行为模型，从中发现音乐的文化属性。因此，2000年代中期，研究工作多集中于不同数据资源的分析和发现，如网页、微博信息[16]，专辑封面图片信息，相关标签标注信息，以及为获取这些信息而设计的游戏[17]等资源。

近年来，在线资源的发展使得MIR有了一个迅速的提升，如Casey和Schedl[18]等人所述，MIR系统的模型设计和评价机制已经从系统中心转向用户为中心。在以用户为中心的模型中，新颖性、奇异性、流行性以及用户所处位置、时间等相关因素，融合着个体用户的音乐品味，从而形成音乐检索和推荐系统的结果。

伴随着技术的演化，用户为中心的策略考虑着用户对音乐感知特性的不同方面，但本质上都离不开音乐作品的相似性。比如对于音乐风格的感知，Lippens[19]和Seyerlehner[20]都曾论述过，人们对某一音乐作品风格的判定上会达到75%~80%的一致性。类似地，在文献[21-22]中也都指出，在两首音乐作品的相似度上的感知一致性能达到80%以上。

MIR系统的查询系统流程图如图1.1所示。

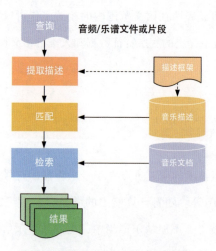

图1.1　MIR系统的查询系统流程图

1.2 音乐信息检索建模与表达

音乐作品是复杂的人类精神产物,它是诸多模型融合的产物,如音乐信号、符号表示(曲谱)、文本(歌词)、图片(音乐家的照片、专辑封面)、动作(演奏家的手势),所以它是复杂因素和谐一致的表达。Schedl等人[20]指出该模型是人对音乐作品的感知,特别是音乐相似度上的感受,主要就是受到歌词、节奏、演奏者的表现,或者用户当时的精神状态的影响。一个可计算的音乐检索系统结构可能包含的特征如图1.2所示,音乐的感知特性包括:音乐内容、音乐上下文、用户特性和用户上下文。

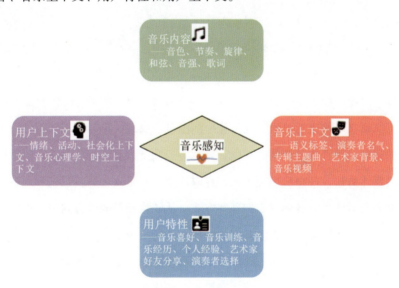

图1.2 音乐感知特性

音乐内容特征蕴含在音乐信号当中,如曲式结构、旋律和节奏。音乐上下文包含了那些不能直接从音乐信号中提取出来的信息,这些信息来自音乐片段、艺术家或者演奏者,如艺术家的文化政治背景、语义标签和专辑主打歌等。当注意力放在用户身上时,用户上下文代表着一些动态变化的因素,如用户当时所处的社会上下文、活动或者表情。相反,用户特性指的是一些不变的或者变化缓慢的用户相关性质，如他的音乐爱好或者所受到的音乐教育，还与用户本人或他的朋友对演奏家的评价等。所以用户特性是更宽泛的长期目标，而用户上下文则受到短期的收听需求的影响。

不同类型的用户特征之间会相互影响。比如音乐相关标签的标注可以从音乐内容中建模得到，音乐风格可以从乐器的表达上得出，其他语义标签[23]如音乐作品的情感和用户心情也可以从音乐作品内容上体现出来。

理想情况下，音乐检索和推荐的方法应该融合各种类别的特征来克服所谓的"语义鸿沟"的问题。

1.3 音乐信息检索相关研究

基于内容的检索（Content-Based Retrieval，CBR）是对媒体对象的内容及上下文语义环境进行检索，如图像中的颜色、纹理、形状，视频中的镜头、场景的运动，声音中的音调、响度、音色等。基于内容的方法是从新的角度来管理多媒体数据，使得数据便于人们存取使用。不是让计算机识别和理解，而是研究人类对图片、音频内容的理解方式，从"生硬"的二进制符号串中，提取出让计算机能够进行比较和判定的特征，从而实现计算机从内容上的存取。音乐信息检索（Music Information Retrieval，MIR）是以音乐为中心的检索，利用音乐的音符和旋律等音乐特性来检索，如检索器乐、声乐作品等。音乐检索虽然可以利用文本注释，但音乐的旋律和感受并不都是可以用语言讲得清楚的。基于内容的音乐检索，通过在查询中给出示例，分析示例特征达到快速检索结果，如图1.3所示。

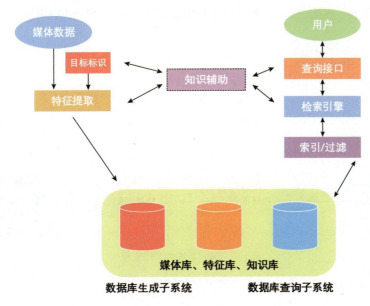

图1.3 CBR的系统结构

主要研究内容包括：

1. 音频特征的选择与提取

音频数据的特征提取和特征向量的构建，对于索引算法的设计，音频检索的效率、精度起着至关重要的作用。根据信号的物理特性，音频特征包括时域特征、频域特征、时频特征和音频片段特征。而根据感知特性又可分为时间文本特征、节奏和音高特征。从众多的特征中选择合适的特征去描述音频提供检索依据是问题解决关键。从早期英国Southampton大学的QBH系统开始[24]，大多数基于哼唱的检索系统都是利用音调，提取出旋律特征进行匹配的。而音调特征与基音频率相关，对于现在较流行的算法，无论是时域内的自相关函数还是基于滤波器的倒谱分析都存在着自身特点所带来的难以克服的缺陷。自相关算法当面对带有谐波复杂的波形时，第一个峰值可能不在整个波形的周期处出现，而是出现在谐波泛音处，导致自相关函数鲁棒性的降低和计算复杂度的增加。倒谱分析在频谱丰富的语音信号处理上滤波性较好，但面对音频的基音提取则并不敏感。因此，基频提取算法也是MIR技术中需要迫切解决的问题，如图1.4所示。

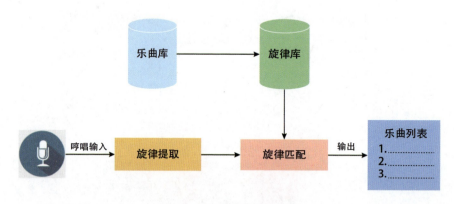

图1.4　QBH系统的工作流程

2. 特征相似度匹配算法

在广义的度量空间中，通过距离函数进行高维向量之间相似度匹配，不但能提高音频识别检索的精准率，而且在多媒体数据库、图像检索等领域都有着十分广泛的应用需求。目前经常采用的解决办法是首先对高维特征向量做降维处理，然后采用包括四叉树、k-d树、R树族等在内的主流多维索引结构，在进行相似度查询时，事先提取能够表达原始数据内容的特征向量，这些特征向量往往维数很高，而特征向量维数越高，系统的查询效率就会越低，这就是所谓的"维数危机"。通常情况下，是对降维后的向量空间建立一个索引结构以加快系统的检索速度。目前，大多数系统都使用近似字符串的匹配算法比较旋律，两个声音文件之间的距离被定义成它们的归一化描述的欧式距离。DTW算法[25]也是一种常用的方法，着重于时间规整和间距测量的概念，但对数据的可靠性没有进行有效的分析，且对连续音符的识别效果不明显。而传统的DP算法对于大型MIR系统来说速度太慢。

3. 用户接口

简便易于操作是系统中人机交互的最终目标。在MIR研究中研究者不断地改进人机交互方式,提出了哼唱检索、音符输入以及实例检索的概念。但是这些系统的人机接口仍然存在不方便、不自然的缺点。例如,MELDEX系统[26]由于无法正确地切割音符,因此使用者必须自行留下间断或多加入"滴答"声;而SoudCompass系统[27]在使用时必须配合节拍器哼唱。所以研究者需要在用户接口方面努力,以期提供方便、快捷、直观的检索方式。现在用户接口方面需要解决的关键问题是,如何在不同的输入方式下使得系统最终获得统一的数据格式来建立索引,以及如何在多人检索的时候实现个性化定制,如图1.5所示。

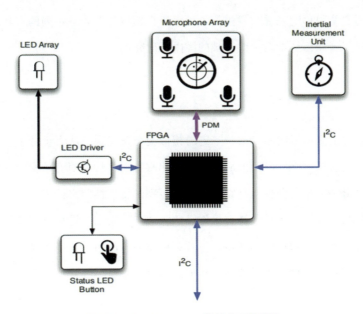

图1.5　SoundCompass的基本硬件模块

4. 实用化研究

科技的最终目的是为广大人民群众服务,而技术的实用化和产业化是实现这一目的的根本途径。对MIR的研究迄今为止还没有实现广泛的产品化,除了人机交互界面和特征匹配算法等技术层面的问题之外,还存在有实用化的领域和实现的载体等问题,这些问题的处理将直接影响此技术的应用范围。

基于内容音乐检索技术也是在网络条件下处理多媒体海量数据的一个重要技术，与图片检索、视频检索并列成为当今基于内容检索研究的热点。将音频的识别和检索技术与传统文本检索相结合可以大大提高数据检索的效率和准确率，降低检索成本。

1.4 国内外研究进展

从用户使用角度来说，音乐信息检索研究领域包含着一系列的实际应用，下文总结了音乐信息检索关键领域的国内外研究进展。

1.4.1 音乐检索

音乐检索应用帮助用户按照一定的相似度衡量规则，从大量音乐数据集中找到想要的音乐。Casey[12]和Grosche[28]提出根据两个性质对音乐检索的应用场景进行了分类。第一个性质是特异性，高级别的特异性用来标识音乐信号，而低级别的特异性用来统计计算音乐作品的相似度。第二个性质是特征粒度，也就是时间范围，大的粒度用来检索整首音乐作品，而小的粒度用来在音乐作品中定位时间点或者检索音乐片段。根据这两个性质对一些常见音乐检索任务的分类如下：

1. 音频标识符或音频指纹

这是一个高特异性低粒度的检索任务。该任务的目标是在数据库中检索或识别一个已知的音乐片段，需要有较强的鲁棒性。最著名的应用就是Wang等人提出的方法[29]，该方法已经集成到一些商业系统中，如Shazam[30]、Vericast[31]和GracenoteMusicID[32]。音频指纹技术在音乐识别和音乐作者之间版权费分配时都十分有效，如图1.6所示。

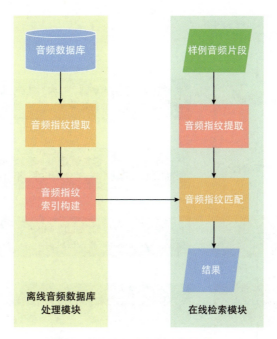

图1.6　基于音频的样例检索系统图

2. 音乐对齐、匹配和同步

这是一个音乐检索的应用场景。除了要识别出给定的音乐片段，该任务的主要目的是将两个音乐信号匹配到局部时间相关位置上，对音乐特征的鲁棒性的要求更高，需要对同一音乐片段的不同演奏进行匹配。如Dixon和Widmer[33]提出的MATCH系统和Müller[34]等人提出的系统，该系统从音频信号中提取的特征序列基础上使用动态时间扭曲算法，能够匹配不同版本的经典音乐作品。

3. 翻唱歌曲识别

这是一个低特异性检索任务。它的目标是检索同一首歌的不同版本，不同的音乐版本可能在乐器、和弦或者结构上皆有异同。Serrà等人在文献[35]中提到的版本识别系统能够描述音乐信号中的旋律或和弦，然后使用局部或全局对齐算法匹配这些描述。The Covers Project等网站系统采用上述方法识别歌曲的影响力和版本引用，如图1.7所示。

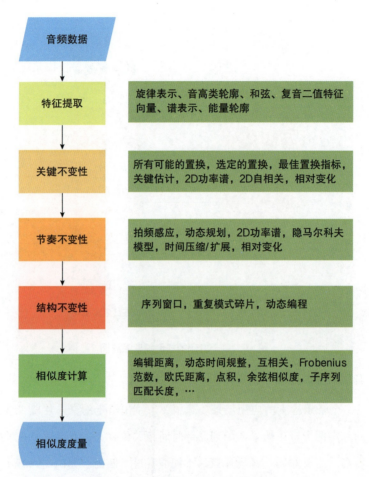

图1.7　翻唱歌曲识别系统的通用框图

4. 基于哼唱或轻拍的检索系统

此类系统的目标是使用给定的旋律或旋律作为系统输入，然后从中提取特征与音乐数据库中的文档作比较。第一个系统是Birmingham提出的MUSART[36]，如图1.8所示。

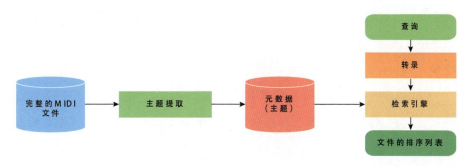

图1.8　MUSART 架构

这个任务的数据集通常是使用乐谱建立起来的,用户哼唱或轻拍的检索片段是音乐信号[37]。商业系统也是通过歌唱、哼唱或轻拍的方式来检索,其中一个典型的系统就是SoundHound[38],它则是将用户哼唱的查询片段与之前数据库中人们哼唱的歌曲做比较,查询其中特征最相似的音乐,如图1.9所示。

图1.9　SoundHound主界面

上述提到的应用都是将目标音乐信号(查询示例)与数据库中的音乐进行匹配,而另外一些应用,如Isaacson[39]提到的,可能按照一定的描述规则,比如"检索C调节奏为75bpm"的音乐,去完成音乐的检索。除此之外,人们还经常使用标签或语义描述(如"快乐"或"摇滚")去查找音乐。基于语义、标签或类别的检索系统，如Knees[40]、Turnbull[41]提出的一些方法就是从内容中估计音乐的语义标签，从而实现检索的，它们属于低特异性和高粒度的检索。

Celma等[42-43]提出的音乐搜索引擎SearchSounds，就是一个用户为中心的系统，它从用户音乐日志中找到反映音乐语义的文本，比如"温柔的吉他曲"，对音频特征进行查询扩展。Knees[44]等人提出的Gedoodle系统也是收集了网站上可编辑的元数据信息，如艺术家、专辑名等标签，扩充到相应的音频特征中去。所有补充信息作为语义融合到音乐片段中，综合得出检索结果。

1.4.2　音乐推荐

如果说检索已知音乐是音乐信息检索的主线，那么探索和发现未知新音乐就是音乐检索的另一个方向，或者说是不可或缺的辅助。音乐推荐系统是对用户偏好进行建模，然后返回典型音乐作品列表的过程。Ricci[45]和 Celma[46]都曾论述过推荐系统需要实现的核心问题：

- 第一，准确度。即所推荐的内容要符合用户的音乐嗜好。
- 第二，多样性。与相似性相反，当推荐系统显示出一定的多样性时，用户对这样的结果会更加满意。
- 第三，透明性。当用户理解了系统是根据什么理由推荐某个音乐时，用户就会更加信任推荐系统的推荐结果。
- 第四，新颖性。用来衡量推荐结果会给用户带来多大的"惊喜"。最著名商业系统Last.fm就是基于协同推荐的，而Pandora则擅长对音乐作品进行标注。

近年来文献中提出的系统多集中在用户感知、个性化及多模式推荐上。例如：

- Baltrunaset等人[47]提出的InCarMusic音乐推荐系统是应用在汽车上（如图1.10所示）的。
- Schedl 等人[48-49]提出的位置感知相关音乐推荐技术是基于微博内容的。
- Forsblum等人[50]提出了基于位置相关的推荐系统会发现音乐节上的偶然事件。
- Wang等人[51]提出了一个结合音乐内容和用户上下文特征的统计模型来满足用户短时间的收听需要。
- Teng等人[52]设计特征感知器，收集了移动设备上的音乐收听事件，用以改进移动终端上的音乐推荐系统。

（a）拟播放的曲目　　（b）给曲目评分　　（c）编辑用户配置文件　　（d）配置推荐系统

图1.10　InCarMusic用户界面

1.4.3　音乐播放列表生成

音乐播放列表的自动生成，又被称为"自动DJ"，可当作音乐推荐的高端应用。其目的是产生一个有序的播放列表，可能针对某类相似的作品或者某位艺人，从而为收听者提供一份有特殊意义且极具欣赏性的播放列表。这就是该任务与通常意义下的音乐推荐系统之间的主要区别，在普通的音乐推荐系统中并不在乎播放的次序。另一个区别在于音乐推荐系统更在乎如何发现新的音乐，而自动生成播放列表更倾向识别已知的材料。

Pohle等人[53]研究表明，人们评价一个自动生成的播放列表质量时，连续播放的音乐之间的相似度是非常重要的指标。如果连续播放的音乐有太高的相似度，听众就会感到十分无聊。Schedl等人[48]进一步发现了除相似度外的其他指标，包括音乐作品或者艺人的熟悉度或者说流行度、热度，是不是最新发布的，还有新颖性。这些因素都会为用户的收听增加趣味性，用户会期待这种"惊喜"，因为他被带入了一场有趣的、对未知音乐作品和艺术家的发现之旅。Zhang[54]也论述了此类模型的更多细节。

Intelligent iPod[55]就是一个典型的基于内容音乐播放列表生成系统，移动设备音乐数据集中作品的音频特征和它们之间的相似度都被提取出来，然后生成播放列表且用颜色条可视化地表现不同的音乐风格，用户可以通过滑动条轻松调节播放器，以切换自己想听的音乐。其他的商用播放列表生成系统还包括YAMAHA BODiBEAT，它集成了一套体感装置来追踪人锻炼的过程，从而生成符合个人跑步频率的音乐，如图1.11所示。

 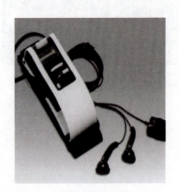

（a）Intelligent iPod　　　（b）YAMAHA BODiBEAT

图1.11　基于播放列表生成系统的产品

1.4.4　音乐浏览界面

现在，音乐消费者可通过音乐流媒体网站获得数以万计的音乐。如何设计智能用户界面，使得用户能够邂逅意想不到的收听体验，已经变得越来越重要。这些界面要支持直观的音乐数据库浏览功能,同时又可以精确地搜索到具体的曲目。以下是这类用户界面的典型示例。

1. nepTune

Knees等人[56]提出的nepTune是一个新颖的音乐数据库用户接口工。给定任意一组数字音乐文件,nepTune会创建一个虚拟的地形图,用户可在这张地形图上任意导航数据集中的音乐。系统原理在于自动提取音频中的特征,按照特征对音乐作品进行聚类。聚类的结果被用来创建三维立体"音乐岛"地形图,用户可以通过环绕立体声在地形图上自由徜徉并收听到他想要的音乐。另外,该系统还从网络上获取的文字资源中提取了知识,为地形图增加了语义信息。然后,用这些文字来描述听到的音乐,相关的图片也会出现在地形图上支持新歌曲的发现。用户能够像玩虚拟游戏一样浏览音乐,界面如图1.12所示,图中聚类后的音乐按照流行度可视化为山脉的形式,而那些流行度不高的部分被显示为海滩或者海洋。

图1.12　nepTune智能音乐导航界面

2. 三维音乐数据集浏览界面

另一个类似的三维音乐数据集浏览界面是由Lübbers和Jarke[57]提出的。与nepTune音乐岛的比喻不同,该系统将音乐作品聚类后可视化为山谷,而那些数据集中表现特殊的稀疏作品表现为山峰,同时该系统还支持用户对地形图的编辑和变形,如图1.13所示。

图1.13　Lübbers和Jarke提出的三维音乐数据集浏览界面

3. Musicream

Goto[58]提出的Musicream是另一发现未知音乐，音乐偶然性捕捉的例子。该系统使用水龙头的比喻，界面中有一组彩色的水龙头，每一个水龙头代表音乐的不同风格，当用户打开这个虚拟控制条时，相应的水龙头就会创建一个歌曲流。用户可以截取并播放音乐，或者把它们取回并创建一个播放列表。当用这种方式创建列表时，不相似的歌曲很容易区分出去，而相似的歌曲也易于结合在列表中，如图1.14所示。

（a）音乐光盘流媒体功能

（b）基于相似度粘贴功能

（c）元播放列表功能

（d）时间机器的功能

图1.14　Musicream的四个功能

4. Songrium

Songrium是一个网页上的应用,它能够丰富音乐收听过程。该应用由日本产业技术综合研究所(AIST)开发。如Hamasaki和Goto在文献[59]中所示,Songrium提供了浏览歌曲的一种不同方式,基于音频信号相似度创建了一幅音乐"星空图",一首歌曲和它的衍生作品像太阳系的结构似的展示出来,而通过歌曲之间的交集发现新的音乐,音乐星空图的界面如图1.15所示。

图1.15　Songrium音乐导航应用

1.4.5　其他检索应用

除了基本的检索场景,音乐检索技术还包含了其他一些检索应用。在可计算的应用理论中有一种应用就是音乐内容描述技术,使用大规模数据库做比较研究或者建立专家系统。另外,一些音乐创作应用也能够从音乐检索技术中获益,例如通过"音频拼接"方式,目标音乐被分析后,从小片段中提取音频描述文件,然后这些片段由大的音乐数据库中得到的新的相似片段替换。这些应用在MIReS项目[60]"音乐信息研究路标"中详细论述。

Downie[61-62]、Lee[63-64]和Bainbridge[65-66]等人在文献中都曾总结了音乐检索中丰

富的研究领域。音乐信息检索的研究者已在这些领域做了大量的工作,这些研究为商业应用提供了基础。这些典型的研究方向及研究任务如表1.1所示。研究的起点则是从音乐内容和相关上下文中提取出有意义的特征,然后特征被用来计算两个音乐作品之间的相似度,或者按照情感、乐器或风格等不同的标准进行分类。

表1.1 音乐检索相关研究方向及研究任务

研究方向	研究任务
特征提取	音色描述 [67-68]
	音乐改变及旋律提取 [69-70]
	端点检测 [71]、节拍追踪 [72] 和节奏估计 [73]
	音色 [74]、半音 [75-76]、音符估计 [77]
	曲式分析 [78]、音符分割 [79] 和音乐摘要 [80]
相似度	相似度度量 [81-82]
	翻唱歌曲识别 [83-84]
	哼唱检索 [85-86]
分类	情感识别 [87-88]
	风格分类 [89-90]
	乐器分类 [91]
	作曲家、艺术家和演唱者识别 [92]
	自动化标签标记 [93-94]
其他应用	音频指纹 [95-96]
	基于内容检索 [97]
	音乐推荐 [98-99]
	播放列表生成 [100-101]
	音频乐谱对齐及音乐同步 [102-103]
	歌曲/艺术家流行度估计 [104]
	音乐可视化 [105]
	音乐浏览互动 [106]
	用户交互互动 [107]
	个性化、上下文感知和适应系统 [108]

1.5 研究思路

1.5.1 框架

音乐检索技术离不开对音乐内容的描述、音乐内在特征的提取，以及音乐所表达情感等语义的理解。

首先，从本质内容出发，研究了音乐信号波形中固有的、客观的特征，如音乐的音高、节拍、音色等，提取了音乐波形低层的特征，对这些特征进行存储、比较和变换，进一步得到音乐旋律等较高层次的内容特征，用它表达音乐内容，描述检索条件，得出检索结果。

然后，对整首音乐的低层特征进行了提取和表达，提取出一首音乐中最关键的部分特征，挖掘出了不同音乐之间潜在语义上的相似性，获得了在音乐风格等部分语义上相似的歌曲。

最后，进一步探索了音乐所表达的语义，将音乐的语义作为特征向量，研究了音乐内容与语义之间的相互关系，从而得出在语义上相似的歌曲，以达到从人的主观感受出发，检索人们"想"要听的音乐。

本书研究框架如图1.16所示。

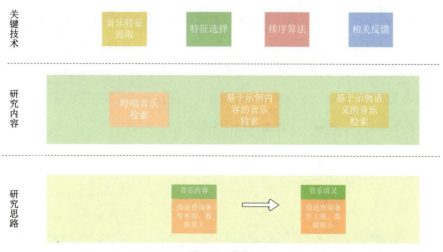

图1.16 框架

1.5.2 研发思路

基于内容的检索和基于语义的音乐检索是不同的两种检索应用。基于内容的可以以哼唱检索、音乐片段检索等为检索条件。而基于语义的检索，是从人们使用音乐的场景出发，获取用户主观感受，分析用户使用上下文，更符合用户的检索意图。使用语义去检索音乐，便于新音乐的发现和推荐。利用当前用户的播放和检索内容，得到用户收听习惯和乐于接受的检索条件，为用户提供那些他们原本未知的陌生音乐，更利于音乐产业的推广和发展。

音乐的内容是客观的，音频信号是短时信号量，因此对音乐内容的分析要经过分帧、加窗和预处理，得到的内容描述特征数据量是非常庞大的。例如一首三分钟的歌曲的wave文件大约为十几MB，从中提出的特征文件也约有3MB。如果将音乐内容作为查询条件，那么查询条件的分析、处理和检索时间较长。而音乐的语义是客观的，如果能够将内容映射到相应的语义上，那么语义描述词数量有限，常用到的只有几十个文本词，若建立语义检索向量，则向量中字符个数也就几十个。这种检索方式中，查询条件的分析、处理和检索过程耗费的时间较之音乐内容要少得多。若离开音乐物理信号载体，语义检索则毫无客观性，语义的感受因人而异，无法客观评价语义检索的结果。

基于内容和语义的音乐检索研究是相辅相成、密切相关的，基于内容的检索、基于语义的检索是更符合用户需求的检索形式，是检索的更高要求和目标。因此，本书的思路是以音乐内容为起点，以客观的信号为基础，研究从内容到语义之间的联系，逐步从内容的检索，过渡到更符合用户主观感受的语义检索，更加高效、精确、丰富地提供检索结果。

第 2 章

音乐计算理论

音乐内容指的是音乐作品中包含的信息,这些隐含的信息可以代表音乐本身,音乐内容描述技术的目标是自动化提取音乐中有意义的特征。音乐语义是音乐作品被人们收听后得到的体会。检索行为是人主动或被动得到相关音乐的过程,带有人的主观意识。基于内容的音乐检索是从音乐特征出发的客观存在,但到人们获得自己真正"想"要的音乐,有着难以克服的"语义鸿沟",也就是说从音乐内容分析,直接得到语义相关的结果是困难的。

Gouyon[109]和Leman[110]论述,音乐内容描述可被分为三个层次,如图2.1所示。

图2.1 音乐内容描述

- 抽象层:从低层次信号特征描述中提取出高级语义特征。
- 时序层:内容描述与一定的时间范围相关,可能是短时的或者是分帧计算得出的。
- 音乐表示层:旋律、节奏、和弦、音色/乐器、律动、结构等。

本章中我们将论述音乐内容描述的主要技术，特别是音乐信号分析方面的相关技术。这是音乐内容描述的基础，因为音乐与单词、句子和文章段落不同，音乐没有明确的容易得出的结构。提取音乐内容描述的特征是大规模音乐数据库建立索引的基础，也为在不同环境下的检索提供了可行性。

格式塔心理学起源于德国。心理学家马克斯发现，将一系列带有图片的纸片被抽动或从缝隙里看时，连续的静态画面会呈现动态图片的效果。几年后，奥地利哲学家克里斯丁也发表文章提出"格式塔品质"，他指出用不同的琴键弹奏的曲子，尽管每个音符都不同，但整体上却呈现出优美的曲调。用格式塔理论来解释音乐感知的特性就不难理解音频信号中，单帧信号特征与全局语义之间的关系了。音频信号的内容包含在每一个短时信号量中，而对音乐的理解，却反映在整首音乐的全局当中。

因此对基于内容的音乐检索，不仅仅要考虑信号特征的提取，而且要进一步分析和理解全局特征及结构。

2.1 音乐特征提取

2.1.1 时域和频域特征

音乐内容的自动化描述是以可计算的时频域信号特征提取为基础的，下文将描述各个特征的概念和提取过程。

频率是简单的正弦曲线，定义为每秒钟的周期次数或者赫兹（Hz）。例如，正弦波频率为$f=440$ Hz，也就是每秒钟包含440个周期。频率f的倒数就是周期$T(f=1/T)$，物理含义是秒数，即正弦信号在一个震荡周期中的时距。

在时域范围内，模拟信号$x(t)$每T_s秒采样一次，得到数据信号表示$x[n]$，$n = i \cdot T_s$，$i = 0, 1, 2, \ldots$。时域信号的频谱图是音频信号在频域中的表达方式，经过傅里叶变换（Fourier Transform，FT）即可得到信号的频谱图，傅里叶变换的结果值通常用振幅和相位表示，如图2.2所示。

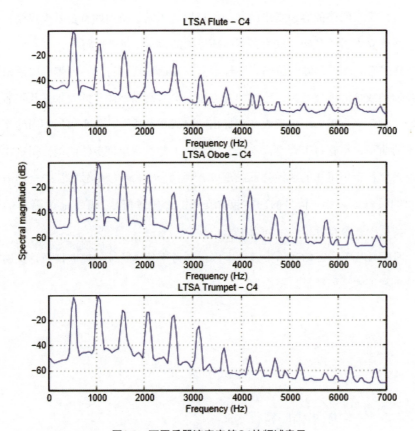

图2.2　不同乐器演奏音符C4的频域表示

图2.2中是使用不同乐器演奏同一个音符C4时，相应的频域特征表示，其中最上面是长笛信号，中间是双簧管信号，最下面是喇叭信号。从图2.2中可以看出，所有声音频率位置是相同的。但是不同乐器声音的谱形状不同。长笛的音色比较轻柔，所以波形比基频能量会减少。双簧管和喇叭声在高频分量上能量更强。

图2.3表明，频谱是决定声音品质或音色的重要因素，复杂声音中含有不同频率的相关幅度信号。对采样信号$x[n]$，计算离散傅里叶变换（Discrete version of the Fourier Transform，DFT）。音频信号的频谱分析通常是在短

暂片段上进行的，该片段被称为"帧"（Frame），按帧求短时傅里叶变换（Shorttime Fourier Transform，STFT）可以捕获频率内容在时间上的变化。这个变换的数学表达式是在离散信号$x[n]$上加窗函数$w[n]$，窗函数一般使用钟形且在短时间内是平稳的。短时傅里叶变换频谱图如图2.3所示。

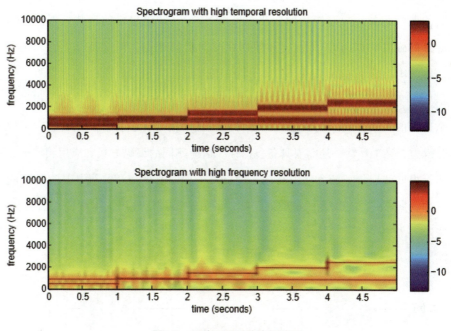

图2.3　两种不同正弦波频谱图

对频域分析影响最大的参数是帧的大小N、帧间距和窗函数$w[n]$的形状。帧的大小决定了频率分辨率$\Delta f = f_s/N$ Hz，也就是频域范围内相邻帧之间的距离。短帧能够获得好的短时分辨率，而长帧可获得好的频率分辨率，在帧的大小上的平衡是信号分析中获得短时和频率性质的重要因素。时间分辨率和频率分辨率的频谱比较见图2.3，图中x轴表示时间，y轴是频率，图中两个正弦波加窗长约6ms的窗，上面图中是短时分辨率最高的频谱，下面图是50ms的频率分辨率最高的频谱。从图2.3中可以看出，好的短时分辨率可用于时域变换分析，而好的频率分辨率用于区分相近的频率。

2.1.2 低层特征和音色

低层特征是直接或间接从音乐信号频率表示中提取出来的,它们便于使用计算机系统挖掘出来,但对用户却鲜有意义。这些特征与声音的大小和音色相关,Wessel[111]将之称为声音的颜色和质地。音色与音乐信号三个方面的属性相关:短时能量的变化(见图2.2)、频谱包络的形状、不同频率成分的强度,如图2.3所示,和频谱在时间上的变化,低层特征能够表达上述属性。

低层特征是高级特征分析的基础,因此它们应当为研究的声音对象提供一个适当的表达方式。它们也必须能够具备任何信号(包括静音或者噪声)的分辨力,易于计算,还需要具备鲁棒性(适应不同的编码方式和应用领域)。尽管提取低层特征的方法没有统一的标准,但对具体应用来说却具有重要的影响。Peeters[112]发表的提取低层特征的方法被广泛应用,提取过程如图2.4所示。

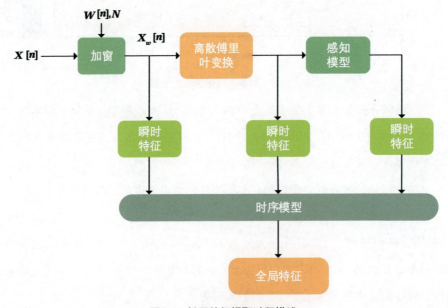

图2.4 低层特征提取过程描述

瞬时特征是基于每一帧提取时频域特征的,然后音频片段或全局的特征也是在短时模型作用之后建立起来的。

最常用的瞬时特征就是短时过零率和短时能量。短时过零率是每秒钟信号穿过零轴线的次数,反映了噪音和高频内容。而短时能量是离散信号$x[n]$值的均方根。

常用的全局时间特征有对数上升时间(Log Attack Time),用于判定音符开端,以及时域质心(Temporal Centroid),用于区分持续性和非持续性声音。

梅尔倒谱系数(Mel-frequency Cepstrum Coefficients,MFCC)是信号频谱的另一个重要特征,即用有限个系数表征信号频谱。Rabiner和Schafer[113]在语音识别应用中提出了梅尔倒谱系数特征,Logan[114]将其应用在音乐领域,MFCC的计算过程见图2.5。

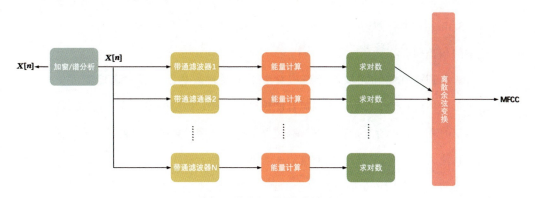

图2.5　梅尔倒谱系数求取过程

振幅谱经过一组三角滤波器在梅尔刻度(Mel-frequency Scale)带宽内滤波,这个过程模仿了人耳系统。对每一个滤波器,计算了对数能量和离散余弦变换(Discrete Cosine Transform,DCT),从而得到一组系数(文献中典型的系数为13个)。

其他谱相关特征还包括谱质心(Spectral Centroid)、频谱扩散(Spread)、谱偏度(Skewness)、谱峭度(Kurtosis)和频谱斜率(Spectral Slope)、谱

衰减（Spectral Roll-off）、谱平度（Spectral Flatness）、谱通量（Spectral Flux）等。

更多感知模型被应用于提取一些基于低层特征的感知特性，比如响度（Loudness）或者锐度（Sharpness），这些短时特征还可以用来做简单的统计，如求平均值、标准差、方差等，从而观察瞬时特征在时间上的变化性。

对乐器、节奏或者风格等高级音色特性来说，低层特征提取是其基础。除此之外，低层特征对音乐记录摘要或基于内容压缩的音频指纹等音乐签名应用也非常重要。

2.1.3 音高特征

音乐声音是由若干成分组成的复杂波形。时域中的周期信号在频域范围内是谐波，如波形周期为T_0时，频域的成分$f_i = i \cdot f_0$，其中$f_0 = 1/T_0$被称为基音频率。Sethares[115]曾阐述，谐波序列与主要的音程相关，并且构成了声学基本理论中的和音和音阶。

基音频率在感知领域与音高相对应，客观地表达了声音的高低程度。Hartman[116]在文献中论述，如果声音能被调整成任意振幅的正弦波，就可以具备确定的音高。尽管复杂音调的音高主要受基音频率的影响，但它仍会被如音色等其他因素影响。另外一些研究表明，即使一些音高中并没有相应的频率成分与之对应，人们还是能够从复杂的音调中感受到音高，或者一些非周期声音，比如铃铛声。

正如Schmuckler[117]和Cheveigné[118]所述，在音乐领域中，音高是成对数比例的，即使用基音频率与一个数字之间的对数关系表达一个音的音高，比如为某一个音程乘以一个给定的因子f_0，两个音的音高比例用分来表示，一个半音等于一百分。同时，我们也可以利用给定因子f_0按照方程转换成基频，由此建立了一个线性音高空间。根据十二平均律，每个八度的音程大小都是十二个半音。在西方音乐中，特定音高的集合包含了所有八度的相同音高，如音高A的集合包含了所有八度的A。

音高特征主要用于描述主旋律、和声和音色，使用这些感知特性便可估计出音乐在时域或频域的表达形式。Gómez[119]总结了众多从单声道信号（同一时刻只有单个音符）中估计f_0的方法，也包括不同乐器演奏的音乐中提取基频的方法。最著名的在时频域信息中度量基音频率的方法是最大自相关函数法，或者被称为最小距离法，例如，Cheveigné 和Kawahara [120]提出的基于时域距离计算的YIN算法。另一类频域方法是从理想的泛音列中比较振幅谱，如Maher和Beauchamp [121]提出的双向错配方法（Two-way Mismatch），Klapuri [122]提出的使用声学模型的方法，还有基于倒谱的方法，即Noll [123]提出的振幅谱对数反傅里叶变换法（Inverse Fourier Transform of the Logarithm of the Magnitude Spectrum）。

尽管上述研究都对估计基音频率做出了很大的贡献，但迄今为止，对不同条件下的音频中提取基频尚无标准方法。问题的难点在于，由于时间上的变化、模糊信息和噪声的存在，引起了拟周期性（Quasiperiodicities），即对给定的f_0有多个的周期与之相关。

将声音信号从时频域映射到"时–f_0域"的另一个难点在于复调音乐，在复调音乐中同一时刻有若干个声音源发声。多维音高的估计被认为是该领域的巨大挑战，需要处理声音的彼此掩盖、音调的交叠、和弦的混合和非和弦声源，并且声源的个数是未知的。因此，基音提取的方法聚焦在三个简单问题上：（1）旋律提取，即提取复调音乐中主要乐器（如流行音乐中人演唱的部分）的f_0。（2）简单复调音乐（即只有极少音符交叠的声音）的多个f_0提取。（3）声音chroma特征计算，多个f_0一起分析并被映射到一个八度中。

在旋律提取有以下几个关键技术：

1. 自相关函数基音频率提取

对信号进行短时相关分析定义某一帧信号的自相关函数为$R_{n(k)}$

$$R_n(k) = \sum_{m=0}^{N-k-1} S_n(m)S_n(m+k) \qquad (2.1)$$

其中，$S(m)$ 指某音乐信号；$S_n(m)$ 为一段加窗分帧信号；N 为窗长；k 是一个滞后，$k=(-N+1) \sim (N-1)$。

自相关函数会在基音周期整数倍位置出现峰值，因此可通过检测峰值的位置来提取基音周期值。为保证正确提取基音，在系统分帧时，设定窗长大于两个基音周期，并采用中值平滑法去除基音提取过程中造成的"野点"。

$$y(n) = \sum_{m=-L}^{L} x(n-m)w(m) \qquad (2.2)$$

其中，$x(n-m)$ 为输入信号；$y(n)$ 为中值滤波器的输出；$w(m)$ 为 $2L+1$ 点的平滑窗，满足 $\sum_{m=-L}^{m=L} w(m) = 1$；$m$ 是平滑窗中某一点，$m = \{-L, -L+1, \cdots, -1, 0, 1, \cdots L\}$；$L$ 是平滑窗窗长。

这里对音乐信号的每一帧信号提取其基音，形成基音频率字符串，由于基音串值的变化可对应音调变化，所以可以方便地根据音调变化进行检索。

2. 基于幅度差函数的动态阈值音符分割算法

传统的幅差音符分割算法会由于计算音符占帧不准而影响基频平均值或者由于错误地划分而影响音符的数量而影响匹配准确性。为此提出了基于幅度差函数的动态阈值分割算法。该算法利用幅度差函数动态设定阈值求得分割线位置，并设定约束条件最终判定分割线，提高了算法的适应性和准确性。

3. 幅度差函数

音乐信号幅度会随时间产生大幅变化，特别是音符分割处幅度有明显落差。传统分割算法中的幅度函数定义如公式2.3所示：

$$A(x) = \sum_{w=0}^{N} a(w) \qquad (2.3)$$

其中，$A(x)$ 表示波形幅度函数；$a(w)$ 为第 w 个采样点的幅度；N 为窗长；x 是输入信号某一帧，$x \in (0, M)$；M 为输入信号帧数。

那么$A(x)$幅度差值函数为：

$$D_A(x) = A(x+1) - A(x) \quad (2.4)$$

应用$D_A(x)$比单独应用$A(x)$单个音符的分割线将更加明显，便于后续的处理。

4. 动态阈值求分割线

为求得分割线，要确定一个阈值δ（通常δ为$D_A(x)$均值的一个百分比），设y_1为音符开始帧

$$y_1 = \arg_{D_A(x) \geqslant \delta} D_A(x) \quad (2.5)$$

y_2为音符结束帧

$$y_2 = \arg_{D_A(x) < \delta} D_A(x) \quad (2.6)$$

分析可知，固定δ后，对不同哼唱的适应性较差，即使δ随$D_A(x)$变化，由于只考虑了整体信号性质忽略了局部峰值特性，必将造成误差。因此，算法将x的范围按照一组变化步长S划分，在求得每一段音符均值的固定百分比后，得到一组动态变化的δ。

$$\delta = \beta \mathrm{avg} \sum_{x=nS}^{(n+1)S} D_A(x) \quad (2.7)$$

其中，β为固定百分比；S为变化的步长；n为变步长划分的某一段。

由于S变化可使得δ在局部范围内发生变化，这样可得到一组动态分割值。

5. 分割线的确定

在一组分割线中只有唯一最优分割。可根据音符具备的两个特性——音符长度有限性和音乐节奏固定性设定限制条件，找到最优解。判定条件为：音符所占的帧数适当。通过实验设定最小帧数和最大帧数，去除那些明显不合适的分割。

$$V = \begin{cases} 1 & N_{\min} \leqslant N_{\mathrm{note}} < N_{\max} \\ 0 & \mathrm{otherwise} \end{cases} \quad (2.8)$$

其中，V 表示一组分割是否有效的布尔量；$N_{\min}$ 为信号最小帧；$N_{\max}$ 为信号最大帧；N_{note} 为划分中某一音符所占的帧数。

由于一段音乐的节拍是一定的，因此分割线分割的音符将是均匀的，当单个音符大于或小于该相邻音符所占的帧数的1.5倍时，则判定该划分无效。

$$V = \begin{cases} 1 & 0.67 \leq N_{\text{note}} / N_{\text{nb}} \leq 1.5 \\ 0 & \text{otherwise} \end{cases} \quad (2.9)$$

N_{nb} 是与相邻音符所占帧数。

例如，歌曲《甜蜜蜜》中第一句简谱为"3563121253"，波形幅度函数如图2.6所示。

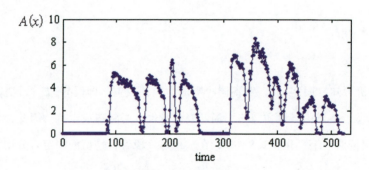

图2.6　音频波形幅度

可以根据音符之间的幅度落差判断音符起止帧。当固定阈值时（如图2.6中横线所示），依次判定大于该阈值表示音符开始，小于该阈值音符截止，这样会造成其中3个音符被误判为1个，计算基音频率时对该区域的基频做平均值得到基音频率，实际上是3个音符的基频均值，这两种误差直接影响着匹配算法结果。

幅度差值函数如图2.7所示，分割位置上的落差更明显，对其用动态阈值分割后，得到其基音频率如图2.8所示，其中虚线表示音符分割线，从基频分布也可以看到求得的分割线能更加精确地分割出每个音符。

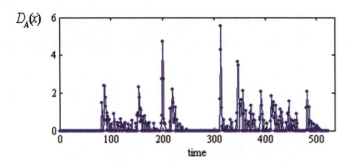

图2.7 音频波形幅度差值

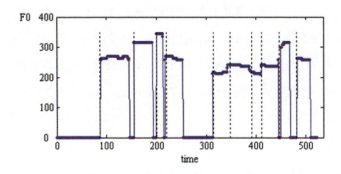

图2.8 音符基音频率

2.1.4 旋律、和弦和音调

表现音高内容的特征是高级音乐特征分析的基础,不仅具备音乐理论知识的人可以使用它,普通大众也可以直观地感受到,如大调或者小调就与表达特定的情感相关。

音高瞬时连接就构成了旋律,而同步叠加就表现为和弦。这两个概念共同组合在一起就可以用来描述音调了,即给定一段音乐作品的音高组成就可以理解这段音乐的组织结构。

大量的实践研究都是以西方音乐的调性模型为基础的,其中,"调"(Key)是反映一系列音高与主音(Tonic)之间关系的一个概念,同时还有属音(Dominant)和下属音(Subdominant)的概念。在西方音乐中,有两个基本调式，即大调和小调，它们在相应的八度中有不同的音程位置。对一个主音的大调和小调来说，按照十二平均律，都存在着二十四个调，即在一个八度中还分布着十二个半音。

关于从乐谱信息中得到音调的可计算模型有很多，其中最著名的方法是Krumhansl[130]等人提出的，此法基于音高周期信息测度，画出了每个八度中十二个音高类的周期性直方图，然后按照一组调的描述文件，从乐谱中估计出调。

对于给定的每个调，都画出来它们所归属的十二个音高类。这个直方图是基于Krumhansl和Kessler的实验数据得到的，实验中为了验证客观性，被测者需要回答是否认为估计得到的调能"很好"地符合特定的音高类别，然后计算符合率。另一种代替人为判定比例的方法是Temperley[131]提出的，即从音乐理论书籍中学习得到描述文件，或是Chai[78]提出从MIDI文件中得到音高类别。

从音乐信号中提取基音内容特征的工作也有许多，主要集中在半音特征提取上，Gómez[74]，Chuan和Chew[132]，以及Papadopoulos和Peeters[67]都提出了相关算法，但在准确率上都低于从MIDI文件中得到的，约为80%。究其原因在于问题本身的难度，从复调音乐信号中提取基音内容，比从MIDI文件中提取更困难。

在一个音乐作品中很少只有单一的主调，因此单独求调值作为特征描述是很单薄的。如Leman[110]所述，声调语境（Tonalcontext）是由不同的时间尺度构成的，至少可以分为一个时间帧上的局部事件（基音与和弦）和全局事件（调）。Oudre等人[76]就提出了在短的片段上基于模板估计和弦而不是调的方法。

Papadopoulos和Peeters[67]也提出了基于概率模型（隐马尔可夫模型）的方法，Sapp[133]在音乐信号处理上还使用了多尺度（Multi-scale）方法。此外，对于音调表示的描述方法还涉及不同的制式，主要的区别参数在于间距分辨率或者说使用情况。例如，西方音乐与印度音乐[134]或Makkam音乐[135]就存在着很大的差异。

本书提出将数据库中待检索的音乐乐谱用标准音高模板构建出来，乐谱与模板关系如图2.9所示。尽管哼唱的音符与基频之间没有线性的、标准的对应关系，也就不可能用音符和简谱来记录和表示哼唱输入的音乐。音乐库中的音高曲线和哼唱输入的音高曲线在几何轮廓上有着极大的相似性，可以用作匹配的标准模板和中间媒介，将音乐乐谱和用哼唱等方式输入的音乐信号很好地联系在一起，从而进行比较和匹配。

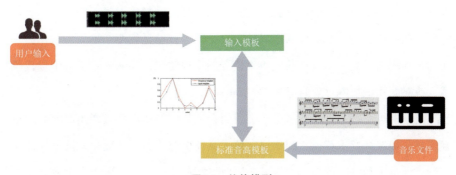

图2.9　旋律模型

对于输入音乐信号，无论是乐器演奏还是人哼唱的信号，建立检索模板的步骤如下：首先对通过输入音乐信号的去噪、加重和分帧加窗预处理。其次对加窗后的信号求其基频，当求出每帧信号的基频后，进行音频分割，通过计算得到单个音符的基频周期，得到单个音符的音高信息。最后，将整句音高序列归一化，得到模板。标准音高模板及输入模板如图2.10所示。

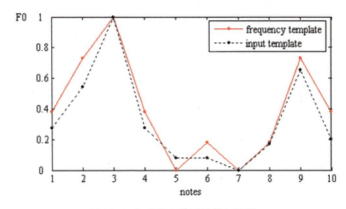

图2.10　标准音高模板及输入模板

2.2 音乐相似度

相似度的研究是音乐信息检索领域中最活跃的研究之一，因为它是许多应用的核心技术，比如在音乐检索或推荐系统中，相似度算法都是决定系统成败的关键技术。在音乐内容的描述上，我们考虑的相似度体现在两个不同的时间范围。局部上来说，我们试图去定位在音乐作品的内部或者是不同音乐作品之间两个相同的音乐片段。而从全局的角度，则是试图计算两个不同音乐作品之间的全局距离。这些距离在其他检索任务中也很常见，像从文本全文中寻找段落，或对图片中物体对象的识别。

音乐相似度的主要研究问题在于找到合适的相似度定义或者相似度的度量方式。必须选择音乐特征、抽象层次（太具体会忽略曲式的变化，反之太抽象会造成误报）和时间范围上的粒度。同时，相似度的度量与应用大大相关，在人为建模后得到音乐主观质量。

2.2.1 自相似性分析与音乐结构

音乐结构由音乐相似性、距离度和连续性决定。从音乐信号中做音乐结构分析时主要目标有两个：第一，跟踪信号变化和检测重复性。第二，在同一作品中提取曲式变化。因此，该任务也被定义为自相似性分析。例如，检测一首歌曲中的合唱部分就是一个现实的应用场景。Foote[138]提出自相似性的分析是基于自相似矩阵的计算，矩阵是通过比较一首音乐作品中两个不同帧而得到的。根据自相似矩阵中定位对角线，便可发现音乐中的重复性，然后在最后的分割和标识时，再使用音乐的其他限制条件，即可得到分析结果。

2.2.2 全局相似度

相似度是建立索引、检索、推荐和分类的关键概念。全局特征的计算通常是基于内容特征或者上下文信息的。

正如Pachet [139]和Pampalk [140]所述，传统的基于内容音乐相似度计算都是基于低层音色特征的。另外，Foote [138]提出了节奏特征（旋律和音调）提取的方法，主要应用于音乐版本识别。Seyerlehner等人[20]提出了块级框架（Block-level Framework，BLF）的方法。在这个框架中，音乐作品首先会建模，从音频信号的振幅谱中建立交叠块。

Bogdanov等人[141]提出了基于音乐低层特征生成语义特征描述，并且利用这种全局相似度进行音乐的自动分类和推荐。同时，全局相似度也可以是基于局部相似性的。Serrà[83]和Mülleretal[34]还利用序列对齐算法获得的全局相似度进行了翻唱歌曲的识别。

2.2.3 基于向量空间模型的音乐相似度

除了音频内容本身的相似度之外，与传统基于文本的检索策略相似，早期考虑音乐检索上下文环境的方法中，广泛使用了文本检索中常用的向量空间模型。下面介绍向量空间模型相似度在音乐检索中的应用。

最早提出这项工作的是Whitman和Lawrence[142]，他们分析了一定数量的检索词集合，然后根据音乐相关网页建立了相应的索引。这些网页来自在谷歌搜索引擎上输入检索词艺术家的音乐评论和艺术家风格，加上音乐或评论等关键词后，可以得到大量音乐相关网页。之后，他们分别创建了名词短语、形容词、艺术家、一元或二元词典，用于建立网页的顺序索引。然后根据计算两个艺术家向量即$tf.idf$向量的距离来估算两个艺术家的相似度。实验表明，使用n-gram和名词短语建立的索引要优于艺术家姓名和形容词相似度。

Knees等人[40]进一步完善了该算法，建立索引时考虑了所有的一元关系，并使用了$tf.idf$相关公式2.10：

$$\omega_{t,a} = \left(1 + \log tf_{t,a}\right) \cdot \log \frac{N}{df_t} \quad (2.10)$$

N为语料中的网页数，$tf_{t,a}$是所有艺术家a网页中出现检索词t的数量，df_t是在整个语料中检索词t出现的网页数量，且至少出现一次。计算两个艺术家的$tf.idf$向量余弦距离，获得了77%的准确率。之后Schedl[21]等人分析了不同的tf和idf变量、相似度度量方法的影响，得出以下结论：

- tf和idf的对数形式权值得到的结果最优；
- 相似度的度量应该使用余弦距离或杰卡德距离（Jaccard Distance）；
- 每一个艺术家相关的网页应该被串联成一个大的文档用来表征该艺术家。

然而，他们也注意到单一一个因素的小范围改变也会对结果造成重大的影响。

类似的研究工作还包含其他一些数据集。例如，Schedl[143]等使用到了音乐相关的微博，他们从"Twitter"上检索了音乐艺术家相关的三个微博。与网页处理相同，每一篇微博被当作一个文档，采取不同的整合策略，就可以将每个艺术家相关的单一素材整合在一起。同时，在语料集上还考虑建立了不同的索引。评价体系中包含了与网页类似的标准。在检索每个艺术家作品集时，采用了平均精度均值（Mean Average Precision，MAP）作为性能评价指标。

Knees等[44]在对224位艺术家的检索中获得了64%的准确率，并且实验表明：

- 单独检索艺术家，而不涉及其他关键词的检索机制获得了最优检索结果。
- 使用特定域的索引词集（Domain-specific Index Term Set）得到了鲁棒性最优的MAP结果。
- 对文档的标准化并不能改善结果。
- 其他的相似度度量方式并不会显著地低于余弦距离。

与网页相似度问题相同，相关研究表明，问题处理的数据集都不会过大，且数据集中也不包含知名度较低的艺术家，这样的数据集会因为缺乏特定的微博信息而造成"长尾"问题。当然，正如Celma[46]和Lamere[144]所述，在所有的音乐检索系统中都普遍存在。

过去几年中，用户使用的社交音乐平台越来越多，随之出现的还有标记音乐标签的游戏，因此在音乐检索领域兴起了协同标签（Collaborative Tags）技术。这些标签也越来越多地被作在音乐相似度度量和检索任务当中。基于标签的音乐检索技术已经表现出由于网页和微博的相关技术，究其原因在于：

- 用于建立索引的字典更小，基本上没有噪声干扰，且包含了语义描述的特性。
- 标签不仅可以从艺术家角度获得，还可以从专辑和音轨上层面获得。

从标签技术的劣势来讲，标签要求大量、活跃的用户团体。而且标签方法会遭受所谓的"流行偏见"影响，也就是说，标签会大量的集中在那些流行的艺术家或音乐身上，从而造成大量边界覆盖的不知名音乐的"长尾"问题。

还有一些研究者发现的，频繁出现的问题就是"社区偏见"。"社区偏见"反映了一些流行的音乐平台，如Last.fm允许用户标注标签，但去标注标签的用户数却低于音乐收听者的平均数量。这些异常现象的存在，大大地妨碍了标签在音乐检索系统中的利用。

2.2.4 基于共现分析的音乐相似度

最早的利用共现关系分析音乐相似度的应用就是音乐播放列表生成及其扩展。Pachet等人[139]考虑了法国音乐电台的播放列表及光盘上的播放列表，计算了两个艺术家或者歌曲在某些播放列表集中的共现率。这些共现频率可以用来估算艺术家a_i和艺术家a_j在播放列表中同时出现的概率值。调整计算方程的非对称性，得出的结果就可以用来作为相似度度量值。这个相似度度量方程如公式2.11。

$$\text{sim}(a_i, a_j) = \frac{1}{2} \cdot \left[\frac{f(a_i, a_j)}{f(a_i)} + \frac{f(a_j, a_i)}{f(a_j)} \right] \qquad (2.11)$$

其中，$f(a_i)$表示艺术家a_i在播放列表中出现的总次数，$f(a_j)$表示艺术家a_j在播放列表中出现的总次数，$f(a_i, a_j)$表示艺术家a_i和a_j在播放列表中共现的次数。

Baccigalupo等人[145]在上述工作基础上，收集了在MusicStrands上的一百万个产生于用户的播放列表，识别和过滤出最流行的4000个艺术家。为了计算艺术家a_i和a_j之间的相似度，也提出了基于共现次数的方法，a_i和a_j之间的距离可根据公式2.12计算：

$$\text{dis}(a_i, a_j) = \sum_{h=0}^{2} \beta_h \cdot \left[f_h(a_i, a_j) + f_h(a_j, a_i) \right] \qquad (2.12)$$

$f_h(a_i, a_j)$表示a_i和a_j在距离h下的共现次数，距离h表示a_i和a_j之间存在h个艺术家与之相关联。考虑到"流行偏见"，dis(a_i, a_j)最终使用与最流行的艺术家之间的距离做了归一化。

音乐数据集通过点对点网络中的分享信息，也是另一个可以用作描述音乐相似度的值，在近年的音乐检索研究领域引起了重视。Whitman和Lawrence[142]研究了OpenNap网络分享文件夹中的一百六十万个用户歌曲关系。从这些关系中总结艺术家相似度计算公式如公式2.13所示。

$$\text{sim}(a_i, a_j) = \frac{f(a_i, a_j)}{f(a_j)} \cdot \left(1 - \frac{|f(a_i) - f(a_j)|}{\max_k f(a_k)} \right) \qquad (2.13)$$

其中，$f(a_i)$表示分享了艺术家a_i的用户数，$f(a_i, a_j)$是同时分享了艺术家a_i和a_j的用户数。表达式的结果用a_i和a_j的流行度差值除以数据集中最流行的艺术家分享次数，从而缓和了流行偏见。

Shavitt和Weinsberg[146]提出了使用点对点网络中分享的音频文件元数据进行音乐推荐的方法。该方法中使用了一百二十万个分享文件夹中的用户信息，共有超过五十万首独立的歌曲信息被识别。用户歌曲关系被用来构造一个二部图（2-Mode-Graph），用户分享了某歌曲的关系，被表示为用户到歌曲节点之间的边。

实验表明，大多数用户都会倾向分享同样的歌曲，只有少数的孤立点存在。对二部图相应的矩阵做简单的聚类（如K-means聚类）后，构建出一个艺术家的推荐系统，将处于同一聚类类别中用户收听过的艺术家推荐给目标用户。同时，根据公式2.14计算了歌曲之间的距离，并根据该距离建立了歌曲推荐系统。

$$\mathrm{dis}(s_i,s_j) = -\log_2\left(\frac{f(s_i,s_j)}{\sqrt{c(s_i) \cdot c(s_j)}}\right) \quad (2.14)$$

$f(s_i, s_j)$ 表示同时分享了歌曲s_i和s_j的用户数，$c(s_i)$是s_i在实体集中的共现数。当分子上的两首歌曲都非常流行时，通过分母来调节距离值，因此，结果更容易体现共现情况而忽略它们实际上的相似程度。尽管，在实验中只获得了约12%的平均准确率和召回率，但在真实数据集中，特别是大量歌曲和大量相互矛盾的元数据中，这个结果还是相当不错的。

另外，还有少数基于共现的相似度度量方法是使用网页的，如Zadel和Fujinaga[147]使用了亚马逊的web service来识别给定艺术家集合中可能相关的艺术家。他们定义了两个艺术家的相关度sim(a_i, a_j)，然后使用谷歌搜索引擎记录了检索某艺术家时返回的页面数量，分别表示为$pc(a_i, a_j)$（检索词为艺术家a_i和a_j），$pc(a_i)$（检索词为艺术家a_i）。结合所有a_i和a_j归一化共现率，从而得到a_i和a_j之间的相似度如公式2.15。

$$\mathrm{sim}(a_i,a_j) = \frac{pc(a_i,a_j)}{\min(pc(a_i), pc(a_j))} \quad (2.15)$$

实验表明，该方法获得了较好的结果，但最大的缺点在于检索的数量与搜索引擎相关，且会随着艺术家数量的增长成平方的增长，这使得该方法在现实的音乐数据集中变得不可行。Schedl[148]提出了在谷歌结果中选择排名最前的若干网页的方法，以减少网页数量，从而促进网页相关分析方法的实用性。

近年来，类似的方法被用于微博上，Schedl[149]和Zangerle[150]都以Twitter作为数据源进行了歌曲共现率分析，从而得到音乐相似度。

尽管上述从上下文数据源中获得的信息，单独使用或与基于内容方法相融合时都获得过许多成功的经验，并且被广泛应用于音乐相似度、相关度或者信息提取任务中，但仍然存在以下问题和挑战：

- 数据的获取。网络或社交媒体上的元数据还比较稀疏，特别是那些不知名的音乐，相关数据就少之又少。
- 细化的级别。由于覆盖范围的稀疏，造成了在艺术家或演唱者这个级别上信息还比较充足，但到了歌曲级别，信息就相当匮乏。Lamere[144]研究表明，在last.fm上每首歌曲的平均标注标签数为0.25。
- 噪声数据。网页和微博上存在大量与音乐作品和艺术家无关的数据，干扰着相关任务的解决。
- 社交偏见。用户在音乐社交平台上的数据通常集中在流行少数听众身上。
- 冷启动问题。新发行的音乐作品或专辑，相关的社会化数据较少。与基于内容的方法不同，音乐上下文分析的方法需要时间来积累相关的数据。
- 流行偏见。非常流行的艺术家或者歌曲可能对音乐相似度的度量方法，或者检索方法，带来不公平的影响。

本书后面针对不同类型音乐的检索，设计和比较了不同的音乐相似度量方法。针对基于旋律模板的音乐检索，由于输入旋律长度的变化性，采用了欧式距离和动态时间扭曲加权综合的相似度度量，同时考虑到旋律模板的自相似性，提出了基于局部哈希算法的相似度度量方法。对于整首音乐内容作为查询条件的音乐检索，本书比较了传统欧式距离和典型帧的欧式距离度量方式，在此基础上提出了流型排序算法获得距离度量分值的方法。综上所述，音乐相似度的度量方法应当根据检索方式的不同，设计符合检索内容要求的度量方式，得到更优的排序结果。

2.3 本章小结

本章总结了如何从音乐信号中提取有意义的特征,针对音乐不同的特性,如音色、旋律、和弦和节奏,论述了提取过程和方法。这些特征可被用于相似度判定和分类。相关的技术和研究工作取得了相当大的进展,现有的特征提取算法能够达到百分之八十左右的准确度,但同时也表现出所谓"天花板"效应。这可能是由于多种客观原因造成的,比如标记工作的复杂性和已知语义及反映音乐内容的特征之间的"鸿沟"。此外,现有研究也存在着局限性,这表现在研究大多集中在流行音乐、西方音乐中。

为了克服上述局限性,就应当开发更全面的方法,采用更综合的特征提取手段,加强音乐领域专家在计算机辅助系统中对音乐作品进行有效标注,并发展个性化系统和自适应系统,结合多种模式,包含乐谱、音频和视频资源的自动化音乐特征提取算法。

第 3 章

基于旋律的哼唱音乐检索模型

基于内容音乐检索（MIR）以其简捷、直观的检索方式成为模式识别、信号处理等领域研究的热点之一。MIR问题中，特征的选择、表示和匹配是核心技术。本书在研究分析音乐物理及感知特征基础上，以旋律作为主要特征，通过基音提取和动态阈值分割音符算法，为待检索音乐数据集和输入音乐样本建立了旋律表示模型；应用遗传算法对齐模板，修正哼唱输入个体差异，以提高检索精确度；应用融合欧式距离和DTW相似度度量匹配模板，以加强容错和泛化能力；最后由原型系统验证算法有效性。

3.1 哼唱旋律的表示模型及其匹配技术框架

音乐特征大致可分三个级别——物理特征、声学级特征和感知特征（见图3.1）。

- 物理特征主要是指按照一定格式通过物理载体记录的音频内容，表现为流媒体形式。
- 声学级特征主要包括时、频域特征，如基音频率、短时能量、过零率、LPC系数和MFCC系数等，它们是音频本身的表现特征，常被用于语音识别的各个阶段。
- 感知特征则体现了人对音乐感受的描述，如音高、节奏、音强、音色等。感知特征通常可在物理特性基础上提取出来，而它更能与人类识别和判断音乐内容吻合。

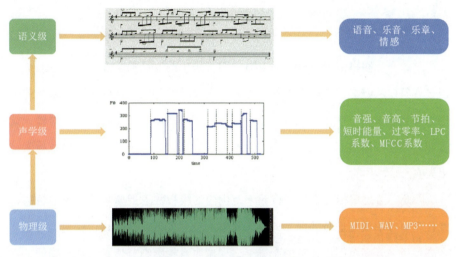

图3.1 音乐的特征级别表示

音乐是随时间变化的离散音符序列,然而感觉上却是音符随时间变化的完整实体。格式塔理论(Gestalt Theory,GT)是一个关于心理现象、心理过程以及心理研究的应用理论架构。此理论证明人类感知形式下潜藏着相近、相似、连续等规律的法则,能够揭示在给定刺激特征的情况下,哪种模式的组织形式将会被感知到,因此可以用来说明音符被感知的方式。

1986年,Dowling[153]证明旋律满足格式塔理论要求相近性、相似性和连续性。所以将音乐主要感知特性——旋律作为表征音乐的特征。音乐的旋律轮廓即为音高随时间的变化特性,而音高又是由音乐的基音频率来决定,因此通过提取音高并用合适的模型描述音高就可以提取和描述旋律轮廓。

本书提出了基于标准模板和哼唱输入模板的旋律表示模型,并由用户哼唱的音频文件中提取了输入音高模板,再从音乐文件的简谱与基音频率的关系建立了标准音高模板,这两个同属于基音频率范畴的模板具备可比性,并且在归一化后具有相似的外形。本书的工作就是在上述研究基础上,对旋律的表示模型进一步完善和改进,并提出合适的匹配算法进行匹配得到最终的检索结果。

3.2 基于遗传算法的旋律轮廓对齐算法

人的声音频率范围在50~3200Hz，而音乐中的音高通常在16~7000Hz（相当于音符C2~A5），两者存在一定差异。人哼唱的基频往往低于标准基频若干倍，并且由于每个使用者音域并不相同，同样会造成基音变异。如果对输入模板和标准模板简单归一化，则会因为忽略了音高轮廓的细节信息而导致检索结果失真。

因此，考虑用标准音高模板频率范围内的模板去逼近原哼唱模板的轮廓，并代替原哼唱模板进行匹配。此算法将输入音高模板线性平移，在使其与标准音高模板在音高范围上接近的基础上，保留原有轮廓细节信息，从而降低了直接归一化造成的轮廓信息的丢失所带来的误差。

遗传算法作为一种优化算法在全局并行性和全局寻优能力上具有突出特点。此算法在不需要问题先验知识的条件下，同样可求得问题最优解。因此考虑应用遗传算法是现在标准音高频率范围内搜索与输入模板最相似的模板，从而达到模板平移的目标。

旋律对齐问题可以描述如下：输入模板为 $P=\{p_1,p_2,\ldots,p_i,\ldots,p_n\}$，其中 p_i 为某一音符，n 为音符个数。将此模板缩放到音符的标准音高模板频率范围中，得到逼近模板 $Q=\{q_1,q_2,\ldots,q_i,\ldots,q_n\}$，两模板相似程度可以通过模板向量夹角的余弦值来度量。算法目的是找到与 P 模板夹角余弦值最小的 Q 模板，使用 Q 模板代替原来的输入，从而增强算法的鲁棒性。

哼唱系统框架流程图如图3.2所示。

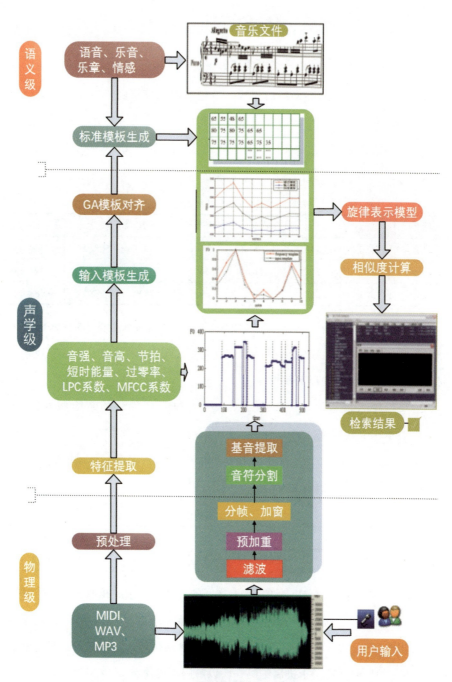

图3.2 哼唱系统框架流程图

3.2.1 染色体编码设计

根据对模板对齐问题的描述，本书采用可变长十进制染色体编码，每一个染色体表示一种逼近方案得到的模板，染色体的长度可随模板长度的变化而变化。在标准音高模板中，通常简谱中用到的音符分布在三个八度，即从低音"Do"到高音"Si"，总共是二十一个音符，音符与标准基频对应关系如表3.1所示。

表3.1 音符与标准基频对应关系

唱名	Do	Re	Mi	Fa	Sol	La	Si
低音	130	146	164	174	196	220	247
中音	261	293	330	349	392	440	494
高音	523	587	659	698	784	880	988

染色体中的每个基因位取表3.1中的一个数字，这样长度为n的输入模板，可用长度为n的染色体来逼近，得到整个染色体十进制串可以表示标准基频序列逼近输入模板得到的标准模板。

对某一输入模板 $P=\{p_1,p_2,...,p_i,...,p_n\}$，染色体编码的结构如表3.2所示，$g_i$表示一个基因位，$i=1,....,n$，$g_i \in \{x|x$为标准基音频率$\}$，$g_i$与逼近模板 $Q=\{q_1,q_2,...,q_i,...,q_n\}$ 中的q_i对应。初始种群中g_i随机生成，可以取二十一个音符标准基频中的任意数。

表3.2 染色体编码结构

q_1	q_2	...	q_i	...	q_n
g_1	g_2	...	g_i	...	g_n

用得到的染色体代替Q，计算P与Q之间的相似度，按照相似度的大小对初始种群进行排序，然后进行选择、交叉（十进制编码单点交叉）[154]、变异操作，让相似度更高的解逐步保留下来，最终得到最优解，即与P最相似逼近模板Q。由于编码时选择了十进制编码，所以解码过程简单。

3.2.2 适应度函数定义

输入模板 $P = \{p_1, p_2, ..., p_i, ..., p_n\}$，通过遗传操作得到逼近模板为 $Q = \{q_1, q_2, ..., q_i, ..., q_n\}$。按照公式3.1，可以计算出每个逼近模板的相似度，其中，n 为模板长度，W_{ip} 为模板 P 上第 i 位的权值，W_{iq} 为模板 Q 上第 i 位的权值。

$$\mathrm{Sim}(P,Q) = \cos(P,Q) = \sum_{i=1}^{n} \frac{W_{ip}}{\sqrt{\sum_{i=1}^{n} W_{ip}^2}} \times \frac{W_{iq}}{\sqrt{\sum_{i=1}^{n} W_{iq}^2}} \qquad (3.1)$$

根据GA算法最优的染色体应该具有最大的适应度函数如公式3.2：

$$F(S) = \mathrm{Sim}(P,Q) = \cos(P,Q) \qquad (3.2)$$

因此可以把夹角余弦的计算公式定义为适应度函数，从而得到最佳的逼近模板。

3.2.3 算法描述

将输入模板 P 的十进制序列作为输入，通过遗传算法即得到对齐后的逼近模板，基于遗传算法的旋律模板对齐算法详细描述如下：

（1）初始化染色体种群 B，随机产生一定数目的染色体组成种群，S 为种群中的染色体。设 $F(S) = \cos(P,S)$，$F(S)$ 为适应度函数。令 i 表示当前的遗传代数，MAXGEN表示最大染色体的遗传代数，$i = 0$。

（2）计算当前种群 B 中的每一个染色体的适应函数值。

（3）按照选择、交叉、变异概率，应用选择、交叉、变异算子进行遗传运算，生成新一代种群 $B1$，令 $i = i+1$。

（4）判断，是否 $i < $ MAXGEN，是则转向（2），否则算法结束，输出适应函数值最大的染色体 S。

3.2.4 加权综合旋律模板匹配算法

欧几里得距离是时间序列相似性研究中应用最广泛的相似度度量。对于输入音高模板 P 和标准音高模板 S，其欧式距离计算公式如3.3：

$$D_E(P,S) = \sqrt{\sum_{i=1}^{m}(W_{ip} - W_{is})} \quad (3.3)$$

其中，m 为模板长度，W_{ip} 为模板 P 上第 i 位的权值，W_{is} 为标准音高模板 S 上第 i 位的权值。欧式距离的优点：计算简单，容易理解，正交变换下保持不变，满足距离三角不等式，支持多维空间索引。但是此算法要求向量基准线必须保持一致，所以若两向量波形基本相似，但波峰和波谷位置略有偏差时，用欧式距离度量也不会认为两者相似。

动态时间扭曲（Dynamic Time Warping，DTW）距离能够支持序列在时间轴上的伸缩，使得相似波形能够在时间轴上对齐匹配。与欧式距离不同，DTW距离不要求模板之间点与点进行一一对应的匹配，允许点自我复制后再进行对齐匹配。这使得当模板在时间轴上发生弯曲时，仍然可以在弯曲部分进行自我复制，使两个模板之间的相似波形可以对齐匹配。

可使用一种基于累积距离矩阵的动态规划方法计算两个模板之间的DTW距离。对于输入音高模板 P 和标准音高模板 S，其累积距离矩阵如公式3.4：

$$r(i,j) = d(p_i, s_j) + \min\{r(i-1,j), r(i,j-1), r(i-1,j-1)\} \quad (3.4)$$

由于DTW不断地计算两个向量模板的距离以寻找最佳匹配路径，这样就保证了它们之间最大的轮廓相似性。但是DTW算法在整句音符相差不多时，容易造成区分度不高的问题。因此，本书给出了加权综合的相似度匹配算法。

首先，要求用户在哼唱时至少哼唱一个整句，这样假定模板长度一定。同时，在数据库中存储的钢琴模板也是将歌曲划分成不定长的整句而得到的，通过公式3.5进行匹配：

$$|L_s - L_n| \leq 3 \quad (3.5)$$

其中，L_s为整句模板音符个数；L_n为输入音频信号中包含的音符个数。

这样只考虑长度与输入音符个数相似的整句，并且只保留整首歌曲的最大相似度。并且，当遇到音符分割产生较大误差时，即使忽略整句与输入之间相差的音符，仍将导致较小的相似度。DTW算法允许相似的外形进行匹配，甚至允许片断在时间轴上有一些偏移。所以，使用DTW算法来解决音符分割带来的误差。

最后，融合两种算法，按照公式3.6得到最终的相似度：

$$S = w_1 S_v + w_2 S_D \qquad (3.6)$$

其中，S_v为欧式距离得到的相似度，S_D为DTW算法得到的相似度，w_1、w_2为实验得到的权值，$w_1 + w_2 = 1$。

由此得出最后的匹配相似度S，根据N-best原则，按照相似度最高的三首歌曲名作为输出结果。

3.3　旋律模板的局部敏感哈希

当面对大规模音乐数据库时，哼唱检索的难度将成指数倍增加。其原因在于大规模音乐数据库音乐旋律的提取缺乏行之有效的自动化手段，人工标注的方法效率低、耗时长，因此在哼唱检索领域鲜有标准数据库作为检索算法效率验证的手段。

清华大学（中国台湾）张智星[155]教授团队创建的MIR-QBSH哼唱检索语料库包含了48个不同人哼唱的音乐片段2000多首和这48首歌曲的MIDI音乐文件。该语料库被使用于历年MIREX哼唱检索任务。基于旋律模板的检索算法，我们提出了将哼唱片段用遗传算法对齐到标准音高模板上，同时，需要为MIDI音乐数据库中的音乐进行标准音高对齐，并将其转化为定长的音高模板，以便与输入的音高模板相似度匹配。为了达到这个目标，本书设计了局部敏感哈希方法，将输入音高模板和MIDI音乐文件匹配。

3.3.1 音乐文件的模板生成

为了描述音乐文件的相似性，将MIDI文件转化为与之相应的简谱文件，那么简谱文件就可以使用普通文本文档类似的shingling处理方式，即将简谱文件构建成短字符串集合的形式。如果音乐文件使用这种集合的表示，那么有相同旋律的音乐之间会拥有很多公共的集合，这样既可以判定音乐旋律中的自相似性，又可以表征不同乐曲之间的相似性。

音乐的旋律往往伴随着节拍信息，如一小节音乐中，可能是四分音符、八分音符或十六分音符等。利用音乐的小节，可以实现音乐文件的分割，将音乐文件按照小节，划分出短音符集合。例如，图3.3中的音乐MIDI文件，主音轨是八分之六拍的，每一小节时间等长，一小节当中音符个数最多有6个。按照小节划分后，形成了音乐模板。

图3.3　MIDI文件的简谱表示

可以看到第二和第四个音乐模板完全相同，第一和第三个模板部分音符重合，这体现了乐曲旋律的自相似性。人们哼唱音乐的习惯也是哼唱旋律中的一句，有若干小节，以小节结尾的。哼唱音乐文件经过预处理和音符分割后，可按照常见的每小节音符个数，如4、8、16，生成长度不同的模板集合。

综上所述，选择按小节划分音乐模板的方法，既考虑了音乐结构，又结合了人为习惯，是一种合理的分割方式。另外，从MIDI文件中可以很方便地读取出小节信息，也使得这种分割方式具备操作可行性。

3.3.2 局部哈希算法

上述分割过程之后建立的旋律模板，是按照小节分割成了模板序列的集合，使得对大规模音乐数据集中相似度的计算量大大增加。按照音乐结构理论，如果能够利用单个乐曲的自相似性和乐曲旋律之间的相似性，只关注那些有可能相似的音乐，而不是用哼唱片段与数据库中众多的音乐文件做比较，则会节约大量的计算时间，提高检索效率。目前，在文本检索中这类问题存在着被称为局部哈希敏感（Locality-Sensitive Hashing，LSH）[156]或邻近搜索（Near-Neighbor Search）[157]的一般性理论。

LSH的一个一般性做法，就是对相似度比较的对象进行哈希处理，使得相似的对象比不相似的对象更有可能被哈希到同一个桶中。这样两个至少有一次被哈希到同一个桶中的音乐会被当作是候选对，再去计算这个候选对中两个音乐之间的相似度即可。那些从未被哈希到同一个桶中的相似音乐被称为伪反例，而那些被哈希到同一个桶中的不相似音乐被称为伪正例。伪正例和伪反例的数量越少，则使用LSH算法的相似度比较结果越理想。

LSH技术是依靠哈希函数族有效地避免出现伪正例和伪反例的方法，并且能够有效地产生出候选对。这就要求，哈希函数族需要满足三个条件：

- 经过哈希函数族选出的候选对必须是距离近的，而不是远距离的。
- 哈希函数族中的各个函数都是概率分布上独立的，函数之间的联合概率可经过各个函数独立概率的乘积计算。
- 使用局部哈希算法计算的时间代价要优于不使用的情况。同时，多个哈希函数组成的函数族可以更好地避免出现伪正例和伪反例的结果。

因此，对哈希函数f，输入两个判定对象，这两个对象是否相似，取决于哈希函数的输出$f(x)$和$f(y)$是否相等。反之，当$f(x) \neq f(y)$时，判定x与y不是候选对。令d_1、d_2是定义在特征矩阵给定距离测度下的两个距离值。如果对哈希函数族中的每一个哈希函数F都有：

（1）如果 $d(x,y) \leqslant d_1$，那么 $f(x)=f(y)$ 的概率至少是 p_1；

（2）如果 $d(x,y) \geqslant d_2$，那么 $f(x)=f(y)$ 的概率最大是 p_2。

则称该哈希函数组为 (d_1, d_2, p_1, p_2)-敏感的哈希函数族。

3.3.3 面向欧氏距离的LSH函数族

对两个特征相似度的度量，有若干种不同的距离测度方法，常见的距离测度有Jaccard距离、余弦距离、欧式距离、编辑距离和海明距离等。其中，Jaccard距离、编辑距离常用于集合相似度的度量，而欧式距离常被用于两个特征向量之间相似度度量的方法。对音频旋律模板，我们也采用了欧式距离去度量两个模板之间的相似度。因此，为了使用LSH算法提高检索效率，需要采用面向欧式距离的函数族。

面向欧式距离[156]，也需要找到一个满足LSH哈希函数组要求的哈希函数，即当两个点之间的距离相对较小时，哈希函数族能够将两点哈希到同一个桶中的概率会很大。如图3.4所示，在二维欧式空间中，哈希函数组F中的每一个哈希函数f与二维空间中随机的一条直线关联。为了方便表达，选择一条水平线为"随机"直线。选定直线上的一个距离a，将直线按照长度a分成若干个桶。

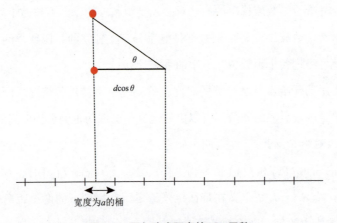

图 3.4 面向欧式距离的LSH函数

当距离 d 远大于 a 时，θ 必须接近90度，两点才有可能落入同一个桶中。反之，如果 d 远小于 a，则两个点落入同一个桶中的概率至少为 $\dfrac{d}{a}$。如果两点之间的距离大于 $2a$，则当 $60 \leqslant \theta \leqslant 90$ 度时，两点可能落入同一桶中的概率不超过 $\dfrac{1}{3}$。而当两点之间距离小于等于 $\dfrac{a}{2}$，则两点落入同一个桶中的概率至少达到 $\dfrac{1}{2}$。因此，F 达到了两点之间最大距离和最小距离之间至少为4倍的差距，F 是 $(\dfrac{a}{2}, 2a, \dfrac{1}{2}, \dfrac{1}{3})$ -敏感的哈希函数族。同时，与其他哈希函数族一样，还可以对 F 进行与构造，对上述函数族进行放大处理，得到新的哈希函数族。

3.3.4 基于局部哈希算法的哼唱检索

对于MIDI音乐数据库中的音乐，读取MIDI文件后，按照小节对音乐片段进行分割，分割后的每个音乐模板按照音符与标准基音频率间的关系，将其转换为标准音乐模板。之后，MIDI音乐数据库被表达为"歌名-音乐模板集合"对，每首歌曲与若干标准音乐模板组成的集合相对应。然后，对所有音乐模板组成的集合使用基于欧式距离的局部哈希函数分配到不同的桶中。

当哼唱音乐输入时，从哼唱音乐中提取出基音频率，并按照阈值分割算法划分出不同音符。再将按照4、8、16的长度划分形成哼唱模板。对哼唱模板的基音频率，使用遗传算法求出逼近模板集合，形成"哼唱音乐-逼近模板集合"对。对逼近模板集合中的每个片段，按照同样的局部哈希敏感函数映射到桶中。最后，如果逼近模板和标准音乐模板落入同一个桶中，则认为哼唱音乐与相应的MIDI音乐相似。这时，再对整个哼唱音乐的逼近模板，与曾经落入同一个桶中的标准音乐模板计算相似度，按照该相似度返回最相近的音乐列表，算法描述如表3.3所示。

表3.3　哼唱音乐检索的LSH算法

算法：LSH 哼唱音乐检索算法

输入：哼唱音乐Q；
MIDI 音乐数据库 S；
输出：最相似的音乐列表L
算法描述：

1：For $i = 1\,\text{to}\,|s|$
2：将$s(i)$按小节分割为若干音高模板；
3：将这些音高模板转化为标准基音模板；
4：end For
5：使用 LSH 函数为标准音高模板集合建立索引；
6：对哼唱音乐Q进行音符分割、模板划分；
7：使用遗传算法对哼唱模板生成其逼近模板；
8：对逼近模板使用 LSH 映射到某一桶中；
9：与逼近模板投入到同一桶中的标准模板所对应的音乐，作为候选对；
10：计算整首哼唱音乐逼近模板与其候选对音乐之间的相似度；
11：令L为相似度最高的音乐列表；
12：返回L。

3.4　实验结果与分析

原型系统的数据库中存放了100首流行音乐，标准音高模板向量集包含393个模板向量，每首歌曲都对应若干互不重复的标准音高模板向量，系统界面图如图3.5所示。

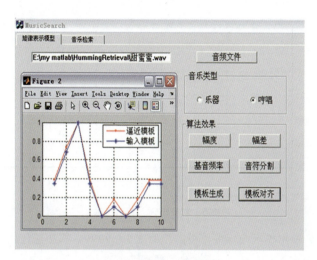

图3.5 哼唱系统界面图

系统的开发突出了旋律表示模型建立的算法流程展示和音乐检索两大功能。首先是让算法流程中的各个部分画图显示，用户选择打开一个音频文件，可以求其幅度函数、幅差函数、基音频率、生成的模板和对齐后的模板，将看不到的音频数据以图表的形式表现出来，便于在实验过程中验证算法，发现规律、检查错误，便于及时修改算法，以达到更佳效果。

3.4.1 遗传算法实验结果及其分析

实验中应用麦克风以11.025kHz/8bit/monc格式对输入的音乐信号采样，采用带通滤波器滤波，其上、下截止频率分别是f_H=3400Hz 和f_L=60-100Hz，采用了一阶数字滤波器$H(Z)=1-\mu z^{-1}$对哼唱信号进行高频增强处理，其中，μ值取为0.98。使用汉明窗对哼唱信号片段进行加窗分帧，窗长为128，其帧间重叠长度设置为64。

歌曲《甜蜜蜜》中第一句简谱为"3563121233"，哼唱后按照旋律表示模型生成输入音高模板，如图3.6所示。

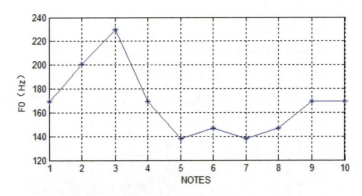

图3.6 对齐前输入音高模板

最终得到输出模板与标准模板的相似度为0.9999。算法迭代过程中具体解的变化和种群均值的变化如图3.7所示。

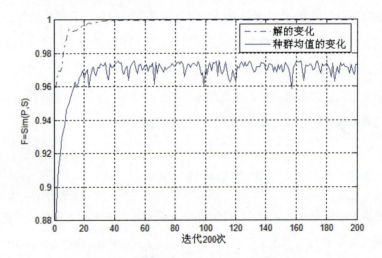

图3.7 遗传算法解的变化和种群均值的变化

在不做归一化的情况下,得出的标准音高模板、输入模板和逼近模板比较都更加接近标准模板。如图3.8所示,可以看到经过GA对齐后的模板无论在外形轮廓还是在幅度上都更加接近标准模板。对齐后的逼近模板与标准模板几乎完全重合,这就意味着对齐后的模板在匹配时将与待匹配样本集中的标准音高模板达到百分之百的相似度，会优先被检索出来，这为后续匹配准确率的提高奠定了基础。

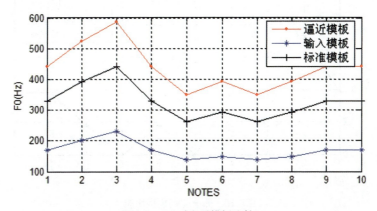

图3.8 GA对齐后模板比较

因为GA的初始种群是随机产生的，在有些训练样本中甚至会产生如图3.9所示的效果。

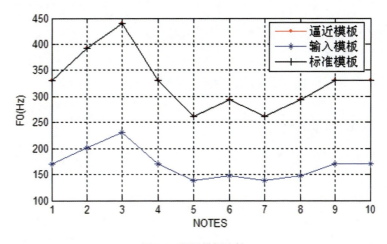

图3.9 逼近模板比较

归一化后逼近模板与标准模板完全重合，这表明经过GA对齐算法，可以使本来并不标准的哼唱输入模板进一步标准化，可以消除不同个体音高上的差异，并且在哼唱不准的情况下，仍然可以找到相似度最高的音乐。

最后，将输入模板、逼近模板和标准模板归一化后进行比较，可以看到图3.10。

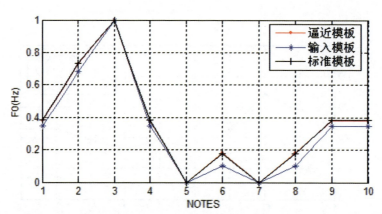

图3.10　归一化后模板比较

对40个输入音乐片段检索比较，采用GA对齐算法使得检索结果优化的占85%。这说明采用基于遗传算法的轮廓模板对齐，可以修正输入音高模板，降低人为哼唱形成的误差，以提高模板精确度，使输入模板和标准模板达到较高的相似度，从而得出更为精确的结果。

3.4.2　哼唱检索系统检索结果及其分析

1. 乐器片段的检索

随机抽取20首录制钢琴演奏或管弦乐演奏的音乐片段，在实验数据集的100首音乐中检索，按照相似度由高到低排序，排序结果见表3.4。结果表明，在乐器发音比较标准的情况下检索前三位命中率达55%。实验过程中发现命中率与音乐数量成反比。当音乐数量较少，相应模板数量较少的情况下，命中率较高，但当音乐数量增加时，命中率也随之降低。尽管前三位的命中率降低，但仍然可以将对应音乐输出到排名靠前的位置，并且考察命中结果的相似度都非常接近。

这说明标准音高模板和输入音乐模板之间是相似的，只是由于音乐样本集中的标准音高模板之间本身就非常相似。随着待检索音乐样本集的增大，这些相似的音乐样本对检索的结果就造成了干扰，导致检索结果的排名靠后。

表3.4　乐器演奏片段检索结果

排序（位）	1	2-3	4-10	10-20	20-30
数量（首）	8	3	1	4	4
百分比（%）	40	15	5	20	20

2. 基于哼唱模板的检索

同样的，对系统中包含的音乐请五位男女生随机哼唱二十个片段，相似度由高到低排序，从表3.5中可以看出，前三位的命中率与乐器片段相比降低到了10%，但仍然有50%的哼唱片段可以在前十名中。这说明，尽管乐器比人哼唱要标准，但是在哼唱不很标准的情况下系统依然能够获得较好的检索结果。这说明系统对用户的要求不很苛刻。当用户以自然的方式哼唱时，系统也获得了比较好的容错功能。

表3.5　哼唱片段检索结果

排序（位）	1	2-3	4-10	10-20	20-30
数量（首）	2	0	8	6	4
百分比（%）	10	0	40	30	20

3. 基于LSH算法的哼唱检索

为了验证基于LSH算法的有效性，采用了MIR-QBSH哼唱检索语料库，其中包含了48个不同人哼唱的音乐片段2000多首和这48首歌曲的MIDI音乐文件。

按照MIREX评价体系，使用TOP-10的返回率作为评价标准，检索结果如图3.11所示，图中红色为48首歌曲使用LSH算法获得的TOP-10平均命中率，蓝色代表DTW算法获得的TOP-10平均命中率，可以看出LSH算法在大多数歌曲的检索上命中率优于DTW[155]度量算法。在本机情况下检索结果返回所用时间不到1ms，说明系统算法需要较短的检索时间。

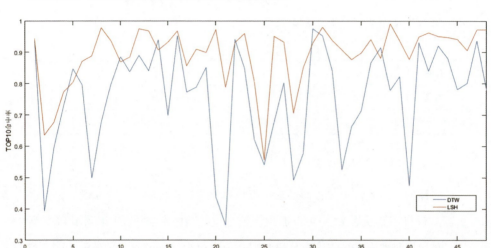

图 3.11　MIR-QBSH数据集上TOP-10命中率结果

3.5　本章小结

本章主要研究了音乐检索算法中存在的标准模板生成和匹配问题，应用GA算法构造逼近模板，提高模板对齐的速度和精确度；融合动态时间扭曲和欧式距离度量，实现模板自动匹配，增加了匹配的容错机制，增强了系统的健壮性和适应性。为了充分利用音乐片段的自相似性和音乐旋律之间的相似度，我们将MIDI音乐数据库中的音乐按照小节分割，并建立标准音乐模板。对哼唱音乐片段进行音符分割和片段分割，使用遗传算法建立了哼唱音乐的逼近模板。

设计了针对哼唱检索的局部哈希敏感算法。实验表明，该算法对MIDI音乐文件的分割方式比人工标注的方式节省了时间，扩大了处理音乐的范围，且利用LSH对音乐文件建立索引获得了较高的检索效率。

第4章 基于示例内容的音乐检索模型

本章中提出了一个基于流形排序（Manifold Ranking，MR）的音乐信息检索算法，并通过设计相关反馈改进了检索结果。音色是检索选取的主要特征，为了计算音色特征的相似度，要对音乐进行分帧、加窗，对每帧信号计算频谱特征。针对庞大的帧数据，我们使用高斯混合模型和最大似然估计，对每首音频的频谱数据进行了聚类，每个聚类的中心选为典型频谱特征。每首歌曲的典型频谱特征被当作数据点，通过流形排序算法为每个点计算排序相关分数值，用这个分数值代替传统的余弦相似度度量方法，可以获得新的排序。同时，流形排序算法的结果，很容易使用相关反馈算法来改进。

实验结果证明，提出的基于流形排序的方法，比现有的距离度量方法有更强的排序能力，能得到更好的排序结果。

4.1 基于流形排序的音乐检索技术框架

流形排序[158-159]是一种半监督的基于图模型的排序算法，因为它有较强的排序能力，被广泛应用于信息检索领域，在多种数据类型上，例如文本[160]、图像[161]及视频[162]，均获得了良好的检索性能。许多数据集具备类别或者流形结构（Manifold Structure），也就是说，在这样的数据集中，那些相邻的数据点或者属于同一类别或流形结构的数据点，很可能拥有相同的语义标签。

正是利用流形结构具备潜在语义的特性，设计了基于流形排序的音乐信息检索模型。整个系统框架如图4.1所示，该系统由基于帧的特征聚类、类间相似度计算和相关反馈这三大部分组成。

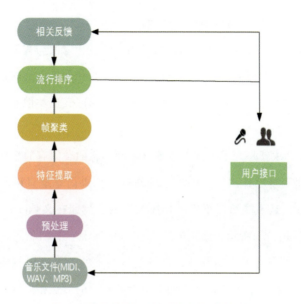

图4.1 基于流形排序的音乐检索系统框架

首先，对音频信号分帧后，按帧求取频谱特征（实验中使用MFCCs），使用高斯混合模型对求得的频谱特征做聚类，找到各类质心作为一首歌曲的典型频谱特征。然后，这些典型频谱特征被当作多维空间中的数据点，根据流形排序算法构造出一个加权图$G=(V, E)$，每个数据点都是一个顶点V，从检索歌曲中包含的顶点出发，在图中迭代的传播寻找邻近节点，从而获得一个正向的排序分数值。待算法收敛，每个数据点都会根据它们的相似程度获得排序分值。最后设计了简单的相关反馈算法，改进了最终结果。

4.2 流形排序

随着我们进入信息爆炸的时代，排序问题变得越来越重要。为了对数据排序，需要对给定的查询赋予能够客观描述相关程度的度量值。在信息检索领域，就是要根据文档将查询的相关程度返回列表给用户，以免用户与数据集中的所有文档一一比较才能得到他们所要的文档。在生物信息学领域，蛋白质检索排序的问题甚至还涉及要根据蛋白质的演化过程返回与查询序列相关的序列。两个从同一父母序列中派生出来两个序列要在相似度度量时落入相关的类别当中。除此之外，一些排序产品，如音乐、电影或其他类似的问题都存在着这样的排序问题。

流形排序算法就是为了挖掘大量数据之间本质的、固有的全局几何结构而提出的一个通用排序算法。一些现实的数据，如果简单地只用两点之间的欧式距离去衡量，是不能给出正确的排序结果的。例如在文献[163]中给出的一个简单问题，如图4.2所示，给定的所有点呈两个月牙分布[见图4.2（a）]，从上半个月牙中给定一个查询条件，任务是从剩下的点中选择与该查询最相似的点。直观上来看，上半个月牙上的点会沿着月牙的形状相似度逐渐降低。同时，所有上半个月牙中的点和查询点之间的相似度应该高于下半个月牙。

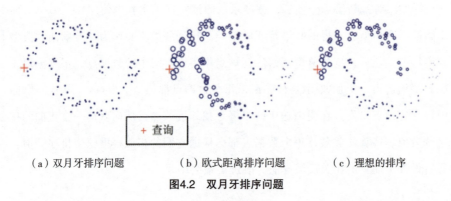

（a）双月牙排序问题　　　（b）欧式距离排序问题　　　（c）理想的排序

图4.2　双月牙排序问题

若查询点处于下半个月牙也是同样的道理。如果仅是简单地使用欧式距离度量两个月牙上其他点与查询点之间的相似度，则所有下半个月牙中最左端的点都因为与查询点之间距离较短而获得较大的相似度。反之，所有上半个月牙中最右端的点，因为与查询点之间欧式距离较长得到较小的相似度[见图4.2（b）]。显然这个结果与我们直观的感受不一致[见图4.2（c）]。现实中的很多数据都会在高维空间中呈现与上例类似的流形结构。

通用流形排序算法的描述是：定义一个加权图结构，为每个查询点赋初值。查询点作为起始点在加权图中向其他点传播初值，剩余点再向临近点传播分值。传播过程会迭代进行直至收敛，这时每个点会按照获得的分值进行排序。流形排序的核心思想就是对大规模的数据，按照其本质的结构去计算相似度，而不是传统的两点之间的绝对距离，这样以获得的分值作为距离度量可能能够捕获两个点在语义上的相关程度。

Yu[168]等人最早提出将流形排序用于音频检索领域，他们提出将音乐按照分段，每段音频特征中包含十三维特征向量，该向量是每段音频中所有帧特征的平均值。然而，音频信号是时序数据，这就意味着对所有帧数据进行平均并不符合时间序列的分布特性。音频信号被切分成成千上万帧的短时信号来计算谱序列的相似度，也就是所谓的"Bag-Of-Frames"（BOF）方法，该方法也被MIREX测评中的音乐相似度及检索任务中广泛应用并取得好的效果。因此，本章也是从音频信号基于帧提取的特征出发设计的算法流程。

4.3 音频流形排序算法设计

4.3.1 特征选择

一首音乐作品的音频信号会被分帧、加窗，窗长512（约23ms），帧移256。如过零率、谱质心、频谱流量和频谱滑动、梅尔倒谱系数等与音色相关的特征都要按帧求取，求取后作为特征向量。

一段音乐信号中有很多帧信号，我们对求得的特征按照三种不同的方式进行特征选择。前两种选择方式是基于距离的，最后一种是基于概率模型的。

- 帧平均。欧式距离在时间序列相似度度量时是最常用的方法。我们将整首歌曲中的众多帧的特征求平均，用这个平均后的特征向量代表整段音频的特征向量。
- 所有帧特征。与第一种方式不同，把整首歌的每一帧信号当作独立的数据点，在做流形排序时，按照独立帧特征进行分值计算。然后对每首歌曲各个帧分值求和，将查询帧与每首歌求和后的分值做比较，按相似度由大到小排列歌曲，作为结果反馈给用户。当然，由于每首歌均有成千上万的帧特征，所以这种方法会付出非常大的时间代价，甚至无法在短时间内得到结果，这使得该方法变得不可行。
- 对每帧特征使用高斯混合模型进行聚类。该方法与前两种方法不同，我们规定了高斯混合模型聚类后的类别个数。这种方法最初被文献[164]提出，各帧特征使用高斯混合模型和极大似然估计进行聚类。聚类的中心被选为一首歌曲的典型帧特征。

4.3.2 流形排序算法设计

流形排序算法中的数据点是选择好的典型特征向量集 $X = \{x_1, ..., x_q, x_{q+1}, ..., x_n\} \in \mathbb{R}^m$，前 q 个点是待查询歌曲的典型特征向量，剩余点是待排序的歌曲典型特征。设 $d : X \times X$ 是 X 的相关矩阵，存储点 x_i 和 x_j 之间的距离 $d(x_i, x_j)$，$f : X \to \mathbb{R}$ 表示排序函数，经过函数 f 每个数据点 x_i 被映射到了排序分值 f_i。最后定义一个向量 $y = [y_1, ..., y_n]^T$，当 x_i 属于查询歌曲时，$y_i = 1$，否则 $y_i = 0$，算法流程如表4.1所示。

表4.1 音频流形排序算法

算法1：音频流形排序算法

输入：音频帧特征向量集合AF；

输出：排序分值向量f^*；

算法描述：

计算每个数据点的邻近点，若两点属于查询歌曲时两点之间有边相连，否则两点之间无边。

在相关矩阵W中定义权值如下：

如果x_i和x_j之间有边相连，则$W_{ij} = \exp\left[\dfrac{-d^2(x_i, x_j)}{2\sigma^2}\right]$，否则$W_{ij} = 0$。

对W进行对称归一化处理，$S = D^{-\frac{1}{2}} W D^{-\frac{1}{2}}$，其中，$D$是对角矩阵，元素$(i,i)$等于$W$中第$i$行权值相加。

迭代计算：$f(t+1) = \alpha S f(t) + (1-\alpha) y$直到收敛，其中参数取值范围$[0,1]$。

令f_i^*表示序列$\{f_i(t)\}$的极限，按照分值f_i^*对每个x_i排序。

该算法中：

（1）首先构造了一个加权图模型，图中每个数据点代表一个特征向量，边上的权值代表它们在欧式空间中的距离关系。

（2）初始化时查询歌曲中典型帧，特征向量所在的点被赋予正值，剩余点赋为零。

（3）算法开始后，加权图中的点向邻近点传播各自的分值，直到到达全局稳定状态。

（4）除查询中典型帧外剩余点都获得了最终的分值，该分值反映了它们与查询之间的相关性。

（5）在音频数据集中，将某一音频作为查询歌曲，可根据最终分值得到排序列表。

（6）令$R_s(i)$，$i = 1,...,m$，表示第i个音频对应的分值，m是音频数据集中的音频个数，N_t是每个音频中选取的典型帧个数，则排序分值可按照公式4.1求得。

$$R_s(i) = \sum_{j=1}^{N_t} A(i) \qquad (4.1)$$

4.3.3 相关反馈算法设计

相关反馈技术是改善检索算法效率的有效交互手段，在一些基于流形排序算法的图片检索系统中[166]，能够捕获待查图片中的语义信息并且逐步改善了检索精确度。相关反馈在流形排序易于实现[162]，且对检索结果有较大的提高。有了用户对排序列表中相关或不相关的标注信息，流形排序算法可以传播这种相关信息到加权图中，然后得到一个更加准确的结果，以改善检索精确度。

1. 正例相关反馈

即请用户标记在排序反馈的列表中哪些音乐是相关的，相关的标识为正例。将用户输入的相关文档判定信息作为输入，设计相关反馈算法，算法流程如表4.2所示。

根据数据集标识，我们选择前n个正例输入到相关性向量y中，然后使用流形排序算法重新计算排序结果。在向量y中，通过正例相关性反馈，可以获得更多非零元素，用来传播它们的排序分值，因此，序列$\{f(t)\}$可改写为公式4.2：

$$f^* = \beta(I - \alpha S)^{-1} y = \beta(I - \alpha S)^{-1} \sum_{j=1}^{r+1} y^j \qquad (4.2)$$

其中，y^j值为1，如果x^j是正例集中包含的典型帧，否则y^j值为0。r是正例样本，α和β为算法参数。

表4.2　流形排序正例相关反馈算法

算法 2：流形排序正例相关反馈算法

输入：检索算法输出的前 n 个排序列表中的音频集 A_r；

典型特征向量集 $X = \{x_1,\ldots,x_q,x_{q+1},\ldots,x_n\} \in \mathbf{R}^m$；

相关性向量 $y = [y_1,\ldots,y_n]^T$；

输出：相似度最大的歌曲列表 L；

算法描述：

For $i = 1$ to n do

　If x_j 是音频集 A_r 中的标识为正例的音乐；

$y_j = 1$；

End for

将 y 作为输入，重新按照流形算法 1 流程执行排序；

根据公式 4.1 计算每个音频的分值 R_s；

令 L 为前 n 个 R_s 值最大的音频列表；

输出 L。

2. 正反例相关反馈

请用户标记在排序反馈的列表中哪些音乐是相关的，相关的标识为正例，同时将不相关的结果标识成反例，将用户输入的相关文档判定信息作为输入，设计相关反馈算法。研究表明，在流形排序算法中，反例标识也能够传播排序分值[162]。因此，我们设计出根据用户选择的正例、反例信息的相关反馈算法，算法流程如表4.3所示。

表4.3 流形排序正反例相关反馈算法

算法 3：流形排序正反例相关反馈算法
输入：用户输入的相关音频数据集 A_r，不相关音频数据集 A_{ir}；
典型特征向量集 $X=\{x_1,\ldots,x_q,x_{q+1},\ldots,x_n\}\in \mathrm{R}^m$；
相关性向量 $y^+=[y_1,\ldots,y_n]^T$；
不相关性向量 $y^-=[y_1,\ldots,y_n]^T$；
输出：相似度最大的歌曲列表 L；
算法描述：
For $i=1$ to n do
If x_j 是正例音频集 A_r 中的音乐；
$y_j^+=1$；
Else if x_j 是反例音频集 A_{ir} 的音乐；
$y_j^-=-1$；
Else
$y_j^+=0$；
End for
将 y 作为输入，重新按照流形算法 1 流程执行排序；
根据公式 4.3 计算每个音频的分值 R_s；
令 L 为前 n 个 R_s 值最大的音频列表；
输出 L。

算法中相关音频数据集 A_r 和不相关数据集 A_{ir} 可从用户选择中得到。定义 y^+ 为相关向量，y^+ 中的元素为1，如果 x^j 是相关数据集中的音频，否则 y^+ 中的元素为0。相应的 y^- 是不相关向量，当 x^j 是不相关数据集中的音频时，y^- 等于-1，否则 y^- 等于0。然后再次执行流形排序算法，这样得到两个排序分数 f^{+*} 和 f^{-*} 序列。最终的排序分数定义如公式4.3：

$$f^* = f^{+*} + f^{-*} \quad (4.3)$$

该算法中需要用户参与，获得相关信息，使检索结果的正确率得到很大的改善。实验过程中，比较了以上算法的检索效率。

4.4 实验结果与分析

为了验证设计算法的有效性，本文使用了GTZAN音乐风格数据集[166]，该数据库中包含1000条音频文件，每个音频含30秒音乐。数据集中分为10个不同音乐风格，如蓝调、经典、爵士等，每个类别中含100个音频文件。可将属于同一类别的音乐归属到同一个语义概念下，用这个语义概念来判定相关或者不相关。每个音频都是22.05kHz，16比特单声道.wav格式的音频文件。使用汉明窗对音频信号进行加窗分帧，窗长为512（约23msec），其帧间重叠长度设置为256，每个音频文件中约含1300帧信号。实验中使用Marsyas[167]系统，提取了包括过零率、谱质心、频谱衰减等62维低层特征。

为了验证算法的有效性，首先比较了三种距离度量方式：

- 平均帧间欧式距离，使用该距离作为实验的基准算法；
- 所有帧间欧式距离；
- 典型帧特征间欧式距离。

每首音乐选择5个经GMM聚类后的中心作为典型特征，且为了得到全局特征，将每个音频文件所有帧特征串联起来作为特征向量。

每首音频都被当作查询条件做了查询，且对所有检索性能做了平均。采用查准率范围曲线（Precision-Scope Curve）作为评价算法检索性能指标。属于同一风格的音频被判定为相关，否则判为不相关。三种基于欧式距离度量算法查准率范围曲线如图4.3所示。

然后，比较了"E-typical"（典型帧特征欧式距离）、"MR-typical"（基于典型帧特征流形排序算法）和文献[168]中的"MR-mean"（平均帧特征流形排序算法）检索结果。典型帧特征的排序分值按照公式4.1计算，实验结果如图4.4所示。

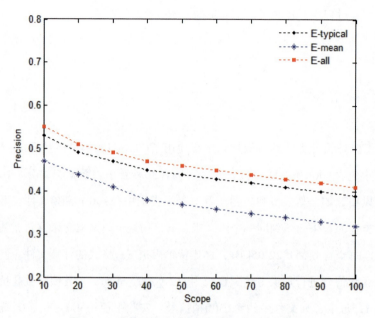

图4.3　三种基于欧式距离度量算法查准率范围曲线

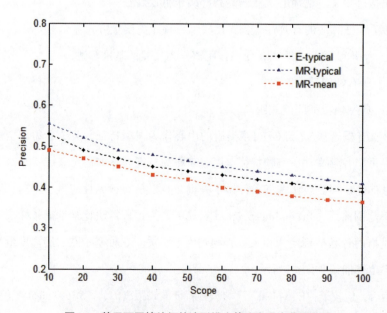

图4.4　基于不同帧特征的流形排序算法查准率范围曲线

实验表明,"E-typical"(典型帧特征欧式距离)算法准确率优于"E-mean"(平均帧特征欧式距离),因此,经过GMM聚类后的特征值比简单求所有帧的平均值得到的特征值更能具体地体现音乐特征。因为每首音乐的所有帧特征都与查询歌曲进行了比较,所以"E-all"(所有帧特征欧式距离)得到结果准确率最高,但是随着音频特征数增加,查询时间成倍增加,因此查询效率较差。

基于所有帧特征的流形排序算法没有考虑在内,原因是流形排序算法的计算代价为$O(n^3)$。如果考虑所有帧特征,则计算量太大,因此选择了与所有帧特征精确率更接近的典型帧特征算法,作为流形算法的主要计算方法。

实验结果表明,"MR-typical"为基准算法,流形排序能够改进检索的效率,排序结果优于传统欧式距离。"MR-typical"优于"MR-mean"[168],这表明典型帧比平均帧更好地表达了音乐内容的特征。

再次,比较了有无相关反馈对检索结果的影响,结果如图4.5所示。

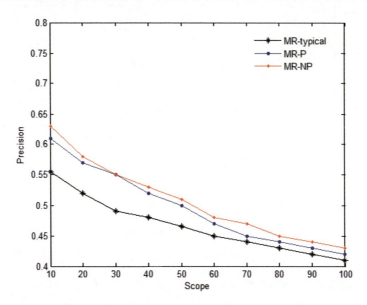

图4.5 基于相关反馈的流形排序算法查准率范围曲线

"MR-P"（基于正例的流形排序算法）和"MR-PN"（基于正例反例的流形排序算法）均获得了比"MR"（流形排序算法）更优的结果。然而，"MR-P"和"MR-PN"之间的区别并不明显，正例和反例对检索结果的影响并不明确。

文献[168]所述，流形排序算法对带宽参数比较敏感，因此，比较了流形排序算法和基于局部回归和全局校正算法（Local Regression and Global Alignment，LRGA）[169]，因为LRGA和MR可以被统一为同一方程，只是拉普拉斯矩阵不同。LRGA中拉普拉斯矩阵能够学习到局部的回归和全局的校正，且对参数λ具有健壮性。实验结果如图4.6所示，在约P@40之后LRGA优于MR结果。随着检索范围的增加，MR算法优于LRGA。因此，使用流形排序对检索来说是有效的，但还可以在其他方面有所改进。

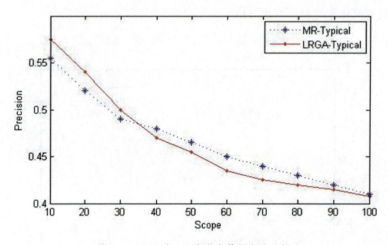

图4.6　LRGA与MR查准率范围曲线比较

实验结果表明，基于流形排序算法的音乐检索算法与传统欧式距离衡量方法相比，优于欧式距离相似度度量结果。使用本章提出的聚类算法得到的典型帧，比整首歌曲的平均帧求相似度，得到的度量结果更精确。对典型帧使用流形排序结果优于文献[168]中提出的AudioMR，同时，本章设计的相关反馈算法是对基本的流形排序算法的良好补充。

4.5 本章小结

本章提出基于流形排序算法进行音乐检索的模型，流形排序算法能够在数据集中传播语义相似度。实验中使用该算法对音乐风格数据集里的音频文件进行排序，并采用高斯混合模型聚类算法提取音频文件典型帧信号，从时间复杂度上改进了检索效率。同时，设计了相关反馈算法改进检索精确度。实验结果表明，基于相关反馈和典型帧的流形排序算法，可以从语义角度改善基于内容的音乐检索有效性。

进一步工作中，可以测试更多不同的音乐特征，因为每个数据集中包含怎样的流形结构并不明确，每种音乐特征对排序算法敏感也存在多种可能，还可以考虑多种不同的相关反馈方法。另外，流形排序算法在处理大规模数据集时有其自身局限性，还可以考虑多维数据上采用分层方法进行改进。另外，音乐内容还可以被按照不同的主题去考虑相关性，文献[170-171]已经在文档和图片检索任务上做了研究，今后音乐检索上也可以考虑采用分层算法提高大规模音乐数据检索性能。

第 5 章

基于示例语义的音乐检索模型

基于语义描述（Query By Semantic Description，QBSD）的音乐检索是根据音乐所表达的语义和对音乐的主观感受，查找或发现音乐的一种方式。一个典型的QBSD系统被定义为有监督的多类别标记（Supervised Multi-class Labeling，SML）模型，通过使用语义相关标签来标记未知，将音乐映射到一个"语义空间"，从而克服"语义鸿沟"问题。在SML模型基础上，提出将示例音乐作为检索条件，通过对音乐语义的标注将检索示例映射到语义空间，然后在标记后的数据库中，返回语义相似的音乐，并且采用深度学习算法，设计了多类别标记模型。实验表明，该模型能够满足用户基于语义音乐检索的基本需要，为音乐检索和推荐提供了一种新的方法和思路。

5.1 基于示例语义的音乐检索

近年来，为了解决"语义鸿沟"问题，音乐内容检索的研究多集中在音乐内容及其语义表达上。文献[172]中提出了一个音乐本体，使用音乐低级特征和高级特征构建了音乐语义本体。Buccoli 等[173]提出了一个空间上下文语义模型。在定义语义时，使用了情景感知技术。同时，建立了一个基于文本的语义音乐搜索引擎[174]，充分考虑情感或非情感词汇，使用了语义线索计算音乐检索相似度。Miotto和Lanckrie[175]使用Dirichlet混合模型（Dirichlet Mixture Model，DMM）生成了基于标签的语义多项式，在标注歌曲时，通过添加上下文信息改善了标注效果。

Turnbull等人[176]在标记音乐时，考虑声学内容和社会化信息两个方面，提出了一种结合多种来源特征的技术,采用两种声学方面的特征(节拍和和声)、两种社会特征(社会化标签和网页文档),用于基于文本的音乐检索系统。文献[177]提出了一个基于社会化标签的(Affective Circumplex Transformation,ACT)算法并与向量空间模型(Vector Space Model,VSM)、奇异值矩阵分解(Singular Value Decomposition,SVD)、非负矩阵分解(Nonnegative Matrix Factorization,NMF)和概率潜在语义分析(Probabilistic Latent Semantic Analysis,PLSA)等算法进行了结果比较。实验表明ACT算法优于其他算法。文献[178]提出在ACT算法中使用模糊的音乐场景特征和音频特征的新方法,利用表示语义的模糊音乐场景特征,优化了基于内容音乐检索的检索精度。文献[179]提出了使用压缩字符串作为音乐时序特征的算法,计算了音乐的相似度。

众多相关工作中,Turnbull等人[176]提出的基于语义描述的检索(Query By Semantic Description,QBSD)在大规模音乐数据库的基于内容检索中是一种更自然的检索方式,为音乐信息检索开发了一个好的模式。但QBSD最大的障碍在于缺乏明确标注的、公共开放的、异构的标注歌曲数据集。

Turnbull建立了CAL500数据集,将人们的听觉行为和歌曲的标注结合在一起,设计了调查方法来捕捉音乐和词语之间的语义相关性。使用有监督的多分类器标注模型(Supervised Multi-class Labeling,SML),经过CAL500数据集的训练得到了一个音乐检索模型。该模型能够用有意义的词语标注一首新的音乐,并且可以为多词组(在该模型中使用3~5个文本作为语义检索关键词)提供基于文本的检索,并给出相关返回值。上述研究表明,基于内容的音乐检索新的关注点在于,采用不同的方法逐步缩短音乐内容和音乐语义之间的"鸿沟"。

本章提出基于示例语义的音乐检索算法,从示例音乐中提取语义描述向量,根据示例音乐语义描述向量,在已自动标注的音乐语义特征库中,检索出语义描述向量相似的音乐反馈给用户。这种从示例音乐内容提取语义的方式存在两个明显的优势:一是以歌曲找歌曲比以文本找歌曲,在检索意图的表达上更自然，更贴近实际用户；二是比起3~5个语义文本的描述词组，语义向量空间中的相似度会在更多的语义描述词上相等，能够更准确地描述用户想要查找的语义。当然，该问题的核心仍然是一个多标签的语义标注精确度，即模型自动标注性能差将无法满足检索要求。

研究目标就是提高多分类标注的有效性，使基于示例音乐语义检索变得可行。结合当前深度学习算法的研究成果，本文提出采用卷积神经网络进行特征提取，然后利用SVM进行有监督的分类。实验表明，该算法使得多分类标签标注的准确度上有了提高，能够良好地满足检索要求，为基于内容和语义的检索提供了新的思路。

5.2 基于示例语义的音乐检索系统框架

与传统基于内容音乐检索系统不同，在基于示例语义的音乐检索系统当中，工作重点不再是从音频信号中提取音强、音高、节拍、旋律等特征。究其原因在于：第一，这些声学级音乐特征的提取存在"瓶颈"[12]，导致准确率得不到大幅的改善；第二，音乐的语义与声学级特征的相关性没有明确的分析，语义往往不单依赖于某一个或一些声学特征，从音频内容出发求声学特征的方法会遇到"语义鸿沟"问题。

基于示例语义的音乐检索模型如图5.1所示。从原始音频底层特征，如常用的梅尔倒谱系数（Mel-Frequency Cepstrum Coefficient，MFCC）出发，利用深度网络，将音频内容映射到基于标签的语义特征空间中，试图跨越声学特征的提取困难，找到原始信号与语义之间的联系。同时，对音乐数据库中的音乐也使用训练好的模型完成自动标注，使检索示例与音乐数据库在语义空间中进行相似度的比较，获得语义相关的音乐，用于用户的音乐检索或推荐。该方法能够更自然、准确地获取用户检索意图，使用户获得更好的检索体验，方便找到和发现"想"要的歌曲。

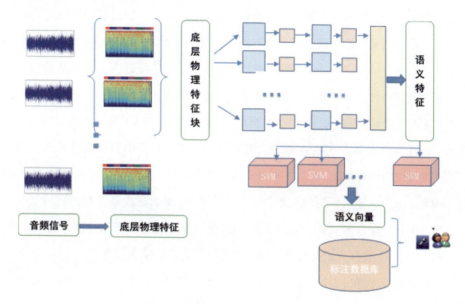

图5.1 基于示例语义的音乐检索模型

5.3 基于深度学习算法的模型设计

5.3.1 问题描述

已标记的音乐数据集 $D \equiv \{(x_i, y_j)\}_{j=1}^{c}$，$X_{\text{list}}$ 是 d 维音乐物理特征向量，$x_i \in X$，X 为音乐特征集合，i 为数据集中音频个数，y_j 为语义标签，j 为语义标签个数。语义向量 $S \equiv \langle y_0, y_1, ..., y_j, ..., y_c \rangle$，$c$ 为语义向量中标签的个数，$y_i \in \{0,1\}$。基于示例语义的音乐检索问题是在给定标记数据集 D 的条件下，可学习得到一个模型，将输入音乐特征向量 x_{input} 映射到语义空间中的一个向量 S_x。根据语义向量 S_x 在语义空间中的相似度，返回与之相关的音乐列表 X_{list}。

在有监督的多分类器标注模型中，根据贝叶斯规则，使用高斯混合模型计算了语义空间中每个标签标注音乐的概率分布,从而决定是否使用该标签标注,即得到 $S(y_j) = 0$(不使用该标签标注)或 $S(y_j) = 1$(使用该标签标注)。

音乐的语义标注与检索定义为有监督多类别多标签标准问题,该问题中每一个词代表一个类别,每首歌被多个标签标注,当学习到一个词语级的分布(某个类别条件下),在该过程中只训练了在这些词上标记为正的歌曲。

考虑一个词汇表 V,由 $|V|$ 个单词组成,每个单词 $W_i \in V$ 是一个语义概念,如"欢乐""蓝调""电吉他""叽喳门响"等。标注的目标就是找到一组词的集合 $W = \{W_1, W_2, ..., W_A\}$,$A$ 个有语义的词来描述一个查询的歌曲 S_q,$S = \{S_1, ..., S_R\}$ 是排序后的结果集,根据检索词 W_q 得到。为每首歌得出一个便于表达的标注向量 $Y = \{y_1, y_2, ..., y_{|V|}\}$,如果使用 W_i 标记过该音乐的话,$y_i > 0$,否则 $y_i = 0$。y_i 被称为语义权值,因为它与语义关系的强弱有关。

如果语义权重被映射到了 $\{0,1\}$,便可以理解为类别标签,每首歌曲 S 表达为一个词袋 $X = \{x_1, ..., x_T\}$ T 个实际值特征空间,每个向量 x_t 是从音频中提取的短时特征,T 取决于歌曲的长度,数据集 D 是一个歌曲标注对 $D = \{(X_1, Y_1), (X_2, Y_2), ..., (X_{|V|}, Y_{|V|})\}$。多标签的标注可以看作是多类别分类问题,目标是为每首歌选择最优的类别,音乐的多标签标注问题可以看作是,在音频特征空间中,建立一个词语级的分布 $P(X|i)$,$W_i \in V$。对给定的歌曲特征,表示为 $X = \{x_1, ..., x_T\}$,给出贝叶斯法则计算先验概率公式5.1:

$$P(i|X) = \frac{P(X|i)P(i)}{P(X)} \tag{5.1}$$

$P(i)$ 是每个词 (W_i) 出现在标注中的先验概率。假设一个统一的词语先验概率 $P(i) = \frac{1}{|V|}$,$i = 1, ..., |V|$,这些标注存在于离散的词语集上。为了估计 $P(X|i)$,假设 x_a 和 x_b 对 W_i 是有条件的独立的,即 $(x_a \perp x_b | W_i, \forall a, b \leq T, a \neq b)$,所以 $P(X|i) = \Pi_{t=1}^{t} P(x_t|i)$。然而这个贝叶斯假设并不符合实际,试图用特征向量之间的相互作用去建立模型可能会存在计算复杂度过高或数据稀疏问题(有些标签只有少量歌曲被其标注过)。如果忽略这些短时特征又会低估了 $P(X|i)$。

一种通常的解决方案是使用几何平均 $\left(\Pi_{t=1}^{t}P(x_t|i)\right)^{\left(\frac{1}{T}\right)}$ 来估计 $P(X|i)$。这种方法还有一个优点在于比较了长度不同的歌曲，每首歌曲的特征空间中包含向量的个数各不相同。如果使用 $\Pi_{t=1}^{t}P(x_t|i)$ 而不是 $\left(\Pi_{t=1}^{t}P(x_t|i)\right)^{\left(\frac{1}{T}\right)}$ 来估计，那么长的音频会不像短的音频。模型用 $\sum_{V=1}^{|V|}P(X|V)P(V)$ 估计歌曲的先验概率 $P(X)$，计算最终估计的等式为：

$$P(i|X) = \frac{\left(\Pi_{t=1}^{t}P(x_t|i)\right)^{\left(\frac{1}{T}\right)}}{\sum_{V=1}^{|V|}P(X|V)P(V)} \quad (5.2)$$

假设每个词有相同的先验概率，$\frac{1}{|V|}$ 在等式中可以忽略。使用词一级的分布 $\left(P(X|i), \forall i=1,...,|V|\right)$ 和贝叶斯理论，使用公式5.2来计算语义多项式分布的参数。数据库中每首歌被表示为语义空间中先验概率向量 $P = \{P_1,...,P_{|V|}\}$，$P_i = P(i|X)$ 而且 $\sum_i P_i = 1$。为了将一首歌曲用A个最佳词形容，可计算语义多项式上分布，然后选择A中最大的峰值，这A个词具有最大的先验概率。

对给定的单个检索词 W_q，直观的方法就是根据 $P(X|q)$ 给出排序列表，然而经验发现这种方法为词汇表中的每个词返回几乎相同的排序。造成这个问题的原因是许多词汇级的分布 $P(X|q)$ 在音频特征空间上的几何分布 $P(X)$，在Kullback-leibler距离上的相似。造成这种状况的原因可能是使用一般意义上的音频特征表示，而不是想要建立的语义相关的特征。这种问题被称为乐曲偏向。解决乐曲偏向的方法是用 $\frac{P(X|q)}{P(X)}$ 来归一化音频偏向，如果假设词先验是统一的，这并不影响排序，按照 $P(X|q)$ 标注时是相等的。

先为每首乐曲估计了多项式分布，对给定的 W_q，将乐曲在第q个参数上的大小排序，可以很自然地将这种方法过渡到构建查询字符串的查询多项式分布，然后根据查询多项式分布和语料集中的语义多项式分布的K-L距离返回排序列表。对每个 $W_i \in V$，学习一个词语级多项式分布 $P(X|i)$，使用 W_i 标记为正值的乐曲的音频特征，每一个分布用R个组件的高斯混合模型来估计（见公式5.3）。

$$P(X \mid i) = \sum_{r=1}^{R} \Pi_r N(X \mid \mu_r, \Sigma r) \qquad (5.3)$$

结果是$|V|$个模型的集合，有$O(R \cdot D)$个参数，D是特征集X的维度。对参数估计现有的方法有三种：直接估计、加权模型平均和加权混合层次化估计。这三种方法都使用EM算法用训练数据拟合混合高斯。它们的不同在于怎样将参数估计转化为子问题，然后将结果合并成最终结果。例如直接估计法，使用所有歌曲的特征向量的超集，来为每个单词W_i训练模型。$\cup X_d$，$\forall d$使得$[y_d]_i > 0$。使用这个训练集，直接用EM算法估计出高斯分布。这种方法的缺点在于随着训练集的增大，计算复杂度提高。事实上，实验发现不可能在合理的时间内完成参数估计，因为对每一个词语分布存在十万级的训练向量与之对应。因此解决该问题的方法就是简单地忽略一部分的训练数据。

除了为每个W_i训练一个词语级的分布，可以先学习一个音频级的分布$P(X \mid i, d)$，所有的音频d上都有$[y_d]_i > 0$。可以用EM算法为每个音频的特征向量训练一个音频级分布。然后通过计算所有的音频级分布的加权平均来创建词语级分布，这里的权值是一个表示每个单词与该音频联系紧密程度的集合（见公式5.4）。

$$P_{X \mid Y}(X \mid i) = \frac{1}{c} \sum_{d=1}^{|D|} [y_d]_i \sum_{k=1}^{K} \pi_k^{(d)} N\left(X \mid \mu_k^{(d)}, \Sigma_k^{(d)}\right) \qquad (5.4)$$

$c = \sum_d [y_d]_i$是W_i相关的语义权值之和，k是每个音频级分布的混合组件。使用训练集为每个音频训练一个模型，并且平均它们是相当有效的。这种参数估计技术的缺点在于混合组件（用于词语级分布）的数目会随着训练数据库的增大而增大，因为每个乐曲级的分布都有k个组件与W_i相关。实验中可能需要估计几千个多项式高斯分布为每个特征向量$x_t \in X_q$，X_q是一个新的查询音乐，且X_q可能也有几千个特征向量。

直接估计的好处是它产生固定个数的分布参数，然而实际情况是不做子采样的话，直接参数估计的方法就不可行了，模型平均可以有效地生成分布，但是随着训练集的增大，参数个数会增加，这样计算代价也会随之增大。文献[185]中提出的混合层次估计时可以有效产生固定个数参数的词语级分布，但逐层训练模型，在标注准确度或计算时间效率上都有损失。

近年来，深度学习方法被广泛应用于图片分类、图片语义映射模型和语音分类、语音识别中[180]，并取得了良好的结果。本文在实验基础上，提出了基于卷积神经网络的音乐特征提取模型，并结合多个SVM分类器得到了优化的标注结果。

5.3.2 模型设计

1. 深度学习算法及其在音乐处理上的应用

深度学习算法在语音识别和音乐处理上的应用，多集中在使用深度置信网络提取音频特性，用于解决音乐分类及检索相关问题。在文献[180]中利用深度学习特征来完成类型识别的任务，学习得到的特性明显比$MFCC_s$更好，在Tzanetakis分类上获得84.3%的精度。Dieleman等[181]设计卷积深度置信网络对"Million Song Dataset"这个大规模数据集上的音频进行了无监督学习，结果改进了音乐风格分类、作曲家识别的识别精确度。文献[182]提出基于深度置信网络（Deep Belief Network，DBN）和级联去噪自编码器（Stacked Denoising Autoencoder，SDA）可以较好地解决作曲家分类问题。实验表明，该模型取得了76.26%的精度。Humphrey等[183]使用卷积神经网络构建了一个数据驱动的学习模型，用于和弦的识别，提高了识别精确度。

总之，传统的语音和音乐特征识别系统，多集中使用隐马尔科夫模型或高斯混合模型，对音乐低层数据特征进行识别和提取。正如Hinton在文献[184]中所述，深度学习的方法是使用前馈神经网络，以若干帧信号特征系数作为输入，产生的后验概率状态作为输出，采用多层隐藏层神经网络，这些新方法在识别基准度上优于高斯混合模型，并且在分类的准确率有很大改善。

但是，基于数据的深度学习算法与GMM相比，最大的缺点在于需要利用大规模的数据集对网络进行训练，同时需要设计更好的方法对深度网络系统进行微调。因此，对每一个音乐识别、分类和检索问题，需要根据问题需求，设计合理的网络结构和数据使用方法，才能使深度学习算法更好地完成相关任务。

为了便于与基于GMM的传统方法比较，同时验证提出的深度学习算法有效性，本文使用了CAL500[185]数据集，该数据集有良好的标注特性，对500首不同作曲家的作品使用174个标签进行了人为标注。对深度学习算法来说，该数据集中作品数量偏少。从另一个方面来说，该数据集中每首作品当中包含的音频帧数较大（每首作品至少包含10000帧音频底层特征），短时特征数据量庞大。结合该系统数据集的数据特性，本书提出的系统学习过程设计为两个阶段：

第一阶段对利用大量短时特征数据的拼接块，设计了适用于本数据集的卷积神经网络网络结构提取语义特征。

第二阶段对语义特征采用SVM生成语义特征向量，表征整首歌曲语义描述向量。

2. 基于卷积神经网络的特征提取

音频信号具有短时平稳性，并且按照时间呈现周期性特征。传统的音频特征提取，通常将音频信号经过分帧加窗，提取MFCC系数等声学特征作为后续处理的基础。音乐片段常常具有"自相似性"，如音乐主旋律会在整段音乐中反复出现，又如小节音符在旋律中重复。因此，本书将连续音乐片段作为音乐特征提取的单位，利用卷积神经网络的局部区域感知特性，试图发掘连续音乐片段中的局部特征，以求取语义为目标建立有监督的卷积神经网络模型。

该模型中，输入音乐片段被分帧、加窗、求取了39维短时信号特征MFCC，每5帧短时信号串联成一长帧信号，即得到长度195维的长帧信号，每50帧音乐信号作为网络输入音乐片段，则得到195×10的二维特征向量x，经过卷积网络，得到网络输出（见公式5.5）：

$$h_{ij}^k = \theta((W^k * x)_{ij} + b_k) \tag{5.5}$$

其中，k为第k个卷积器，x为输入音乐片段信号特征块，W^k为第k个卷积器的权值参数，b_k为网络偏置，(i,j)为第k个特征图上特征的位置。输入特征向量与第k个卷积器做加权平均后，通过激活函数θ得到卷积层的输出值，θ一般取sigmoid函数、tanh函数等，为了解决这两个函数随着训练次数增加出现的梯度消失问题，同时加快收敛速度，网络中选择了relu函数。卷积网络模型如图5.2所示。该网络包含两个卷积层、两个池化层和一个全连接层、一个输出层，每层输入、输出大小见图5.2。

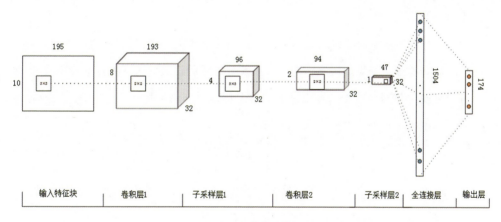

图5.2 卷积网络模型

经过实验，我们选择音乐片段作为模型输入，relu函数作为每个卷积层的激活函数，每层32个卷积核，卷积层卷积核大小为3×3，池化层核为2×2。将全连接层的输出作为最后一层的输入x_{flatten}，得到最后一层的输出y_{out}如下（见公式5.6）：

$$y_{\text{out}} = \text{logistic}(x_{\text{flatten}}) = \frac{1}{1+e^{-x_{\text{flatten}}}} \tag{5.6}$$

y_{out}的取值为(0,1)，该值在训练过程中与第t个样本语义标签y_j的取值求得损失函数，c为语义标签个数（见公式5.7）。

$$E^N = \frac{1}{2}\sum_{n=1}^{N}\sum_{k=1}^{c}\left(y_j^{nk} - y_{out}^{nk}\right)^2 \qquad (5.7)$$

其中，E^N 为 N 个样本的总误差，y_j^{nk} 为第 n 个样本在第 k 个语义标签上的人工标注值，y_{out}^{nk} 为第 n 个样本在第 k 个语义标签上的网络输出值。根据该误差值进行反向传播，调整了网络权值。

3. 基于SVM的语义向量生成

经过实验观察，如果直接在网络输出层使用 softmax 函数分类，其结果并不理想。分析网络输出值，我们发现该输出向量能够体现语义特征，但并不足以明确地给定分类结论是否能够用某标签标注整个音乐。分析其原因，是由于人工标注代价较大，给定的标注样本集有限，训练出的模型并没有足够的标注能力。

但是，如果将训练好的模型输出，作为多个语义分类器的分类特征，却能得到较好的分类结果。因此，为了求出整首音乐的语义向量，将每个音乐全段对应深度学习网络模型的输出做了加权平均，得到语义特征 $x_{semantic}$，p 为整首音乐中包含的音乐片段数（见公式5.8）：

$$x_{semantic} = \frac{1}{p}\sum_{j=1}^{p} y_{out}^{p} \qquad (5.8)$$

将语义特征向量 $x_{semantic}$ 作为输入，训练 c 个SVM（c 为语义标签个数），输出向量取值为0（未使用标签标注）或1（使用标签标注），得到语义向量 S_x，从而完成检索模型的搭建。

5.3.3 算法描述

综上所述，基于音乐示例的检索算法可分为两个阶段，即训练阶段和检索阶段。第一个阶段为训练阶段，使用训练数据集训练好生成语义特征向量的卷积神经网络和用于标注的多个SVM。训练算法流程描述如表5.1所示。

表5.1　语义向量训练算法

算法 1：语义向量训练算法

输入：训练数据集 $D \equiv \{(x_i, y_j)\}_{j=1}^{l}$（$i$ 为数据集中音频个数，l 为语义向量中标签的个数）；

输出：卷积神经网络、SVMs；

算法描述：

1. 根据 x_i，y_j 映射关系训练卷积网络，网络结构如图 5.2 所示，得到网络模型参数 W^k（第 k 个卷积器的权值）、b_k（网络偏置），以及网络输入 y_{out}^p；

2. 计算数据集 D 中每首音乐 x_i 的语义特征：

$$x_{semantic} = \frac{1}{p}\sum_{j=1}^{p} y_{out}^p$$

3. $x_{semantic}$ 为输入，标注信息 y_j 为输出，训练 c 个 SVM。

经过训练得到卷积神经网络及产生语义向量的多个SVM后，将测试数据集和待检索的示例音乐作为模型输入，使用训练好的模型，得到语义空间中的测试向量数据集和示例音乐向量，比较相似度得到检索结果。检索算法流程描述如表5.2所示。

表5.2　示例音乐检索算法

算法 2：示例音乐检索算法

输入：测试数据集 T、示例音乐 q；

输出：语义相似的音乐列表 X_{list}；

算法描述：

1. 将测试数据集 T 中的每首音乐 x_i 输入到训练好的卷积网络，得到网络输出 $x_{sementic}^{x_i}$；

2. $x_{sementic}^{x_i}$ 输入到 SVMs，得到语义空间向量 S_{x_i}；

3. 将示例音乐 q 输入到训练好的卷积网络，得到网络输出 $x_{sementic}^{q}$；

4. $x_{sementic}^{q}$ 输入到 SVMs，得到语义空间向量 S_q；

5. 计算 S_q 与测试数据集 T 每首音乐 x_i 的语义向量 S_{x_i} 的余弦距离，得到语义相似的音乐列表 X_{list}。

5.4 模型改进

音频的标签标注问题可以看作多分类问题，但与其他多分类问题不同，某个音乐片段可能被众多标签所标注，这意味着一个音乐可能会根据标注标签被分配到多于一个的类别当中。在大多数的多分类问题中，样本的分配是均匀的，也就是说每个类别中属于该类别的正例和不属于该类别的反例，数目应该是相等或相近的。

然而，对于音乐的标记是非平衡的，在人工标记的数据库中，某一标签可能会被标记到众多歌曲当中，同时也有另外一些标签，仅被标记到极少的歌曲当中。这就使得属于某个类别的正例和反例数目存在着极大的差异。如果忽略了标签标记的频率，学习得到的模型就不能对每首歌曲给出正确的标记。例如，"欢快"这个标签，可能被用来对数据库中99%的歌曲都标记了，这样学习到的模型就会把所有新的歌曲标记为"欢快"，这样模型仍然能得到99%的正确率。然而，这样的模型并不是我们想要的符合真实情况的模型。

为了解决学习模型的不平衡问题，我们采用了两种不同的策略：一种方法是对损失函数权值进行了调整，根据标签的标记频率调整了模型损失函数，这是降低非平衡标记影响的直接方法；另一种方法是采用了Chaw[186]等人提出的合成少数类过采样技术（Synthetic Minority Oversampling Technique，SMOTE），该算法被广泛应用于解决分类样本不平衡问题。CAL500数据集是一个较小的数据集，标签标记信息的获取是一项人工代价繁重的标记工作，通过对训练集中少数类的过采样，可以增加少数类中的样本个数，从而从有限的少数类样本中学习到更多的信息。

5.4.1 损失函数调整

考察数据集中的标签和每个标记的样本数,得到标签与样本个数关系如表5.3所示。

表5.3 标签与样本个数

标签序号	1	2	3	⋯	i	⋯	174
标记样本数	m_1	m_2	m_3	⋯	m_i	⋯	m_{174}

令 i 是第 i 个标签,m_i 是被第 i 个标签标注过的样本个数,数据集中样本分布不均,则 m_1,m_2,⋯,m_i,⋯,m_{174} 不等,且差别较大。如 $m_1 = 48$,$m_2 = 443$。

相应地,设一个样本的标注为:0,0,1,0,⋯,1,⋯,0,设标注为1的标签数为 n,则标签标注样本的概率分布为:

$$0,\ 0,\ \frac{1}{n},\ 0,\ \cdots,\ \frac{1}{n},\ \cdots,\ 0$$

考虑到学习样本分布不均的情况,用权值 ω 调节样本分布概率,则标签标注样本的概率分布为:0,0,$\omega_i \frac{1}{n}$,0,⋯,$\omega_j \frac{1}{n}$,⋯,0。使用标签标记的概率值求和为1,则:

$$\omega_i \frac{1}{n} + \cdots + \omega_j \frac{1}{n} = 1$$
$$\Rightarrow (\omega_i + \cdots + \omega_j)\frac{1}{n} = 1$$

即:$\omega_i + \cdots + \omega_j = n$。

为调节样本分布不均的情况,m_i 与 ω_i 成反比才能放大标记数量较少的标签分布概率,m_i 可通过对数据集统计分析得到。令 $m_i + \cdots + m_j = M$,$\omega_i = 1 - \frac{m_i}{M} + \frac{1}{n}$,则:

$$\omega_i + \cdots + \omega_j$$
$$= \left(1 - \frac{m_i}{M} + \frac{1}{n}\right) + \cdots + \left(1 - \frac{m_j}{M} + \frac{1}{n}\right)$$
$$= n - \frac{m_i + \cdots + m_j}{M} + n \cdot \frac{1}{n}$$
$$= n - 1 + 1$$
$$= n$$

对数据集中的每首歌曲 S，S 被 N 个标签标记，按照卷积神经网络结构，网络最后一层 softmax 函数的输出值为 $\{\cdots, 0, \cdots, \frac{1}{N}, \cdots, \frac{1}{N}, \cdots, 0 \cdots\}$。根据上述推导过程，我们为最后一层的输出设计了一个权值 ω_i，该权值与标签标记频率成反比。设 f_i 为被第 i 个标签标记的样本个数，f_i 越小则 ω_i 越大。网络的输出则被调整为 $\{\cdots, 0, \cdots, \omega_i \frac{1}{N}, \cdots, \omega_j \frac{1}{N}, \cdots, 0 \cdots\}$，$\sum_{i=0}^{N} \omega_i \frac{1}{N} = 1$，则有公式5.9：

$$\omega_i = 1 - \frac{f_i}{\sum_{i=0}^{N} f_i} + \frac{1}{N} \tag{5.9}$$

卷积神经网络的输出层损失函数被调整为公式5.10：

$$E^N = \frac{1}{2} \sum_{n=1}^{N} \sum_{k=1}^{c} \omega_i \left(y_i^{nk} - y_{\text{out}}^{nk}\right)^2 \tag{5.10}$$

5.4.2 SMOTE算法

SMOTE是一种典型的过采样方法，被广泛地应用于非平衡分类问题。该算法可以通过对标记为少数样本类别中的样本进行分析，然后根据分析结果对少数类的样本进行人工合成，生成的新样本将被添加到原数据集中。

使用SMOTE算法产生的结果如图5.3所示。算法结束后，少数类别中样本数增加，且两个类别当中样本的数量变得平衡。

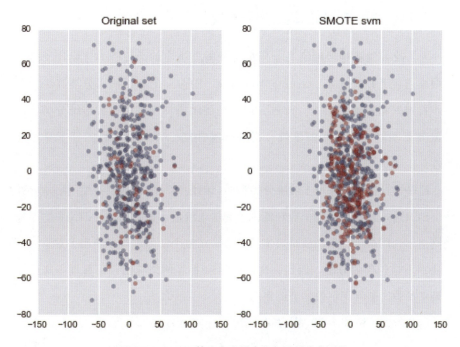

图5.3　SMOTE算法产生样本集与原样本集对比

比起简单地将少数类别样本复制添加到样本集中的方式，该算法避免了模型学到的信息过分特别，不够泛化，从而避免模型产生过拟合问题。算法流程如表5.4所示。

表5.4　SMOTE算法

SMOTE 算法
输入：数据集中的每个样本x_i；
输出：产生出的属于少数样本类中的新样本x_{new}；
算法描述：
1. 计算每个样本的 K- 邻近样本x_i'；
2. 选择一个随机数δ，生成一个随机分布$U[0,1]$；
3. 根据下式生成新的样本： $$x_{new} = x_i + \delta(x_i' - x_i)$$

5.4.3　基于ELM的语义向量生成

为了改善卷积神经网络在音乐情感分析方法中的泛化能力，设计了基于超限学习机（Extreme Learning Machine，ELM）的音乐语义分类算法，对卷积神经网络的输出层进行改进，使用浅层随机神经网络代替传统分类器，降低分类端对训练样本的依赖，提升分类性能，并通过实验验证了算法有效性。

超限学习机是一种用于解决分类和回归问题的单隐层前馈神经网络学习算法。ELM通过调整神经元个数和随机分配输入权值、偏置的方法训练单隐层神经网络，利用最小二乘法获得输出层权值，在整个学习过程中使用了数学变换方法而不是迭代的方法，因此，比传统的BP神经网络算法使用梯度下降的方法调整参数，获得了更快的训练速度。

给定 N 个任意距离的样本 (x_i, t_i)，其中，$x_i = [x_{i1}, x_{i2}, ..., x_{in}]^T \in R^n$，$t_i = [t_{i1}, t_{i2}, ..., t_{im}]^T \in R^m$，$(x_i, t_i) \in R^n \times R^m (i=1,2,...,N)$，有 $\tilde{N}$ 个隐层节点，激活函数为 $g(x)$ 的前馈神经网络数学模型见公式5.11：

$$\sum_{i=1}^{\tilde{N}} \beta_i g(a_i \cdot x_j + b_i) = t_j, j = 1, ..., N \tag{5.11}$$

其中，a_i 为输入层和隐层的第 i 个神经元之间的权重矩阵，b_i 为第 i 个神经元对应的偏置，β_i 为第 i 个隐层神经元与输出层之间的权重矩阵。

在CNN得到174维语义特征后，ELM的网络结构可以设计为图5.4。

其中，x 为输入的语义特征，训练开始时随机确定权重矩阵 a 和偏置矩阵 b，设置激活函数和隐层神经元个数。

ELM的目标是最小化训练误差（见公式5.12）：

$$\|H\beta - T\|_2^2 + \lambda\|\beta\|_2^2 \tag{5.12}$$

其中，H 为隐层的输出矩阵，T 为预先给定的训练样本的标签矩阵。在随机确定神经元权重 a_i 和偏置 b_i 时，隐层的输出矩阵 H 就能被确定。输出权重矩

阵 β 便可由广义逆矩阵计算最小二乘法来求解（见公式5.13）：

$$\beta = \left(H^T H + \frac{1}{C} \right)^{-1} H^T T \qquad (5.13)$$

H 为单位矩阵，C 为正则化项的控制因子，$C = 1/\lambda$。

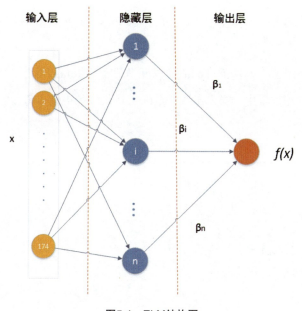

图5.4　ELM结构图

5.5　实验结果与分析

5.5.1　数据集与语义特征提取

本书使用了CAL500数据集[185]，该数据集中包含了500首不同艺术家的作品，每首歌至少被三人独立标注。标注词集合中包含174个标签，每首歌如果被百分之八十以上的人（或至少两人）用某个词标注过，则在标注向量中值为1，否则值取0。对于数据集中每首歌曲，从原始音频信号中每帧提取

39维梅尔倒谱系数。作为卷积神经网络输入，174个标签值作为网络输出训练模型，从而提取出能够反应语义的特征。为了便于批处理和加快模型的训练，我们将数据集中的每首歌曲对齐为10000帧特征，每连续5帧MFCC系数串联成195维，截取每50帧为一个音乐片段，因此，每首歌包含200个独立的音乐片段，每个音乐片段含有195×10的二维输入，将标注好的174个标签信息作为输出训练网络。

实验中使用了一个基于Theano的深度学习框架Keras[187]建立卷积神经网络模型，模型训练过程中，损失函数经过30次迭代后取得最小值，卷积神经网络参数配置见表5.5。

表5.5　卷积神经网络模型参数

参数值	
size of batch	4
number of classes	174
number of training epoch	30
number of convolutional filters to use	32
size of pooling area for max pooling	2
convolution kernel size	3×3
optimizer	SGD
learning rate	0.1
decay	1e−6
momentum	0.9
nesterov	True

5.5.2　标注性能评价

标注性能的评价标准与文献[94]相同，对每一个标签计算了准确率、召回率和F值，然后对所有标签的评价指标求评价。单标签（Per-tag）准确率是评

价模型能够准确地标注某个标签的概率。单标签召回率是模型使用应该被某标签标注的概率。对每一个标签 W，设 $|W_H|$ 是数据集中人工使用该标签标注过的歌曲数，$|W_A|$ 是模型自动使用 W 标注了的歌曲数，$|W_C|$ 是在数据集和模型标注时都正确的歌曲数，则准确率、召回率和F值定义如公式5.14：

$$P = \frac{|W_C|}{|W_A|}, \quad R = \frac{|W_C|}{|W_H|},$$
$$F = 2((P)^{-1} + (R)^{-1})^{-1} \quad (5.14)$$

5.5.3 检索性能评价

为了与GMM[44]等模型对比，本书采用MAP（Mean Average Precision）和AUC（the Area Under the Receiver Operating Characteristic Curve）作为评价指标。MAP为每个检索到的歌曲求出了在排序中每个点的平均正确率。ROC曲线反映了正例分对的概率和负例错分为正例的概率的变化。AUC的值就是处于ROC Curve下方的那部分面积的大小。通常，AUC的值介于0.5到1.0之间，较大地AUC代表了较好的检索性能。

5.5.4 实验结果分析

1. 基于文本语义描述的检索

首先，对标签集中每个标签进行了检索，单个标签按照该标签的决策值进行排序，并且对所有标签的评价指标做平均。本书提出的CNN-SVM和CNN-ELM算法与层次化高斯混合模型HEM-GMM[94]、概率标注模型CBA[189]、自动标注标签的Bootsing算法[190]、单纯使用SVM和HEM-DTM[94]进行比较，在除准确率之外的各项指标上都有所提高（见表5.6）。

表5.6 单个标签标注及检索效率比较

算法	标注			检索	
	P	R	F-score	AROC	MAP
HEM-GMM	0.49	0.23	0.26	0.66	0.45
CBA	0.41	0.24	0.25	0.69	0.47
Bootsing	0.37	0.17	0.20	0.69	0.47
SVM	0.38	0.24	0.25	0.66	0.45
HEM-DTM	0.47	0.25	0.30	0.69	0.48
CNN-SVM	0.46	0.46	0.46	0.72	0.50
CNN-ELM	0.51	0.465	0.48	0.73	0.53

表5.7是算法在单个标签标注的结果（返回正确标注值用粗体表示），表明本文算法返回的歌曲在排序和返回值个数上都较好。

表5.7 标签"ACOUSTIC GUITAR."返回前10位的歌曲结果比较

Rank	CNN-SVM	
	Artist	Song Name
1	Myles cochran	Getting stronger
2	Van morrison	And It Stoned Me
3	Buena Vista Social Club	El Cuarto de Tula
4	The Black Crowes	Thorn In My Pride e
5	Johnny Cash	The Man Comes Around
6	George Harrison	All Things Must Pass
7	R.E.M	Camera
8	The Monkees	A Little Bit Me a Little Bit You
9	LOVE	You Set The Scene
10	Wicked Allstars	Happy
Rank	HEM-DTM	
	Artist	Song Name
1	The Zombies	Beechwood park
2	James Taylor	Fire and rain
3	Arlo Guthrie	Alice's restaurant massacree
4	Crosby, Stills, Nash & Young	Teach your children

续表

Rank	HEM–DTM	
	Artist	Song Name
5	American Music Club	Jesus hands
6	Donovan	Catch the wind
7	Smokey Robinson & The Miracles	Ooo baby baby
8	Aaron Neville	Tell it like it is
9	The Animals	I'm crying
10	10cc	For you and I

2. 基于示例语义描述的检索

基于示例语义描述的检索是将整个歌曲作为检索条件，经过训练好的系统进行标注，形成语义向量，用该语义向量与数据库中标注好的数据集进行相似度对比，根据余弦相似度计算方法，返回语义空间中相似的音乐。

实验中，将测试集中的音乐，经过卷积模型求取语义向量后，在标注语料集中求返回值。算法标注准确度高，则检索后能返回语料集中人工标注的原歌曲。因此，设定K值，求前K个值中能够返回原歌曲的百分比，结果如图5.5所示，前十位能够返回原歌曲的比例为大于92%，说明算法在整首歌曲的标注结果较优，能够从语义上接近人工标注的性能。

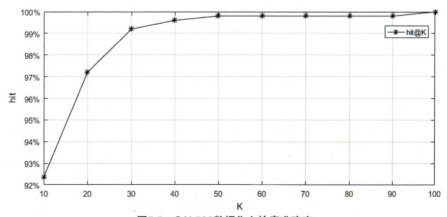

图5.5　CAL500数据集上检索准确度

3. 模型改进后的检索结果

表5.8中是对数据集中的每个标签根据决策值返回排序列表，对所有标签检索结果的结果求平均值。CNN-AD表示对卷积神经网络输出层损失函数进行调整后的结果。CNN-SMOTE表示对数据集中少数样本采用SMOTE算法产生新样本后，再进行卷积神经网络的学习结果。CNN-ELM为数据集经过SMOTE算法调整后，再用ELM网络分类的结果。CNN-ELM获得了较高的准确率和F值，而CNN-SMOTE召回率较高，因此检索结果会优于其他算法。

表5.8 算法改进后的结果比较

模型	标记结果			检索结果	
	P	R	F-score	AROC	MAP
HEM-GMM[94]	0.49	0.33	0.26	0.66	0.45
CNN-SVM	0.46	0.46	0.44	0.72	0.50
CNN-AD	0.49	0.46	0.45	0.71	0.52
CNN-SMOTE	0.49	0.47	0.46	0.72	0.52
CNN-ELM	0.51	0.465	0.48	0.73	0.53

同样地，检索了标签"ACOUSTIC GUITAR."，返回结果如表5.9所示。表中返回音乐排序列表，粗体为人工标记含有"ACOUSTIC GUITAR"的歌曲，可以看到CNN-SMOTE返回了七首符合标签检索词的歌曲，优于未调整前的结果。

表5.9 标签"ACOUSTIC GUITAR."返回前十位的歌曲结果比较

排序	CNN-SVM	
	Artist	Song Name
1	Myles cochran	Getting stronger
2	Van morrison	And It Stoned Me
3	Buena Vista Social Club	El Cuarto de Tula
4	The Black Crowes	Thorn In My Pride e
5	Johnny Cash	The Man Comes Around

续表

排序	CNN-SVM	
	Artist	Song Name
6	George Harrison	All Things Must Pass
7	R.E.M	Camera
8	The Monkees	A Little Bit Me a Little Bit You
9	LOVE	You Set The Scene
10	Wicked Allstars	Happy

排序	CNN-AD	
	Artist	Song Name
1	Black Crowes	Thorn In My Pride
2	Gram parsons	$1000 wedding
3	Neil Young	Razor Love
4	Bob Dylan	I'll Be Your Baby Tonight
5	Mr Gelatine	Knysnamushrooms
6	New Order	Blue Monday
7	Myles Cochran	Getting stronger
8	The Rolling Stones	Little By Little
9	They Might Be Giants	I Should Be Allowed to Think
10	Ultravox	Dancing with Tears in My Eyes

排序	CNN-SMOTE	
	Artist	Song Name
1	Myles Cochran	Getting stronger
2	Van Morrison	And It Stoned Me
3	Buena Vista Social Club	El Cuarto De Tula
4	Black Crowes	Thorn In My Pride
5	Johnny Cash	The Man Comes Around
6	George Harrison	All Things Must Pass

续表

排序	CNN-SMOTE	
	Artist	Song Name
7	Brenton Wood	Lovey Dovey Kind Of Love
8	Dirt	THE STOOGES
9	Buddy Holly	Peggy Sue
10	Air	Sexy Boy

排序	CNN-ELM	
	Artist	Song Name
1	Buena Vista Social Club	El Cuarto De Tula
2	Van Morrison	And It Stoned Me
3	Myles Cochran	Getting stronger
4	George Harrison	All Things Must Pass
5	Johnny Cash	The Man Comes Around
6	Black Crowes	Thorn In My Pride
7	Air	Sexy Boy
8	Brenton Wood	Lovey Dovey Kind Of Love
9	Dirt	THE STOOGES
10	Buddy Holly	Peggy Sue

4. ELM参数分析

为了确定隐层节点个数及激活函数类型对ELM算法的影响，随机选取"Arousing""Brit Pop"和"Metal/Hard Rock"三个标签，比较了分类结果的准确率。

首先，比较了当激活函数取gaussian、inv_multiquadric、tanh、sine、multiquadric、tribas、sigmoid、inv_tribas、hardlim、softlim等情况时，三个标签上的标记准确率，如图5.6所示。

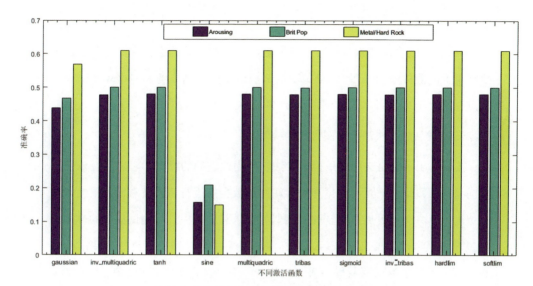

图5.6 ELM准确率随激活函数改变的变化情况

图中可以看出,不同激活函数对ELM分准确率的影响,sine函数得到的准确率最低,其他函数准确率变化相对稳定。本文选取了在三个标签上都获得最高准确率的sigmoid函数作为ELM隐层神经元激活函数。

隐层节点从1至200个,以10为增量,得到分类准确率如图5.7所示。

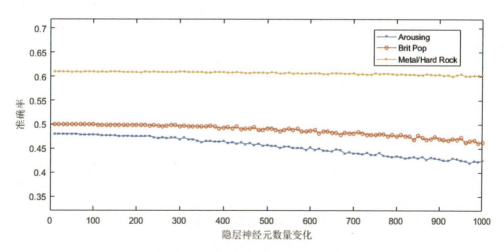

图5.7 ELM准确率随隐层节点改变的变化情况

图5.7表明ELM算法在CAL数据集上，"Arousing" "Brit Pop"和"Metal/Hard Rock"三个标签的标记准确率。随ELM网络形状的变化，可以看到在本数据集上，隐层节点小于200时，隐层节点的个数对结果的影响比较稳定。当节点个数大于200时，总体上承下降趋势。

5. 改进后的算法基于示例语义的检索

按照基于示例语义的音乐检索方法，使用改进后的模型学习得到音乐的语义向量，用该语义向量与数据库中标注好的数据集进行相似度对比，根据余弦相似度计算方法，返回语义空间中相似的音乐。实验中，将测试集中的音乐，经过卷积模型求取语义向量后，在标注语料集中求返回值。算法标注准确度高，则检索后能返回语料集中人工标注的原歌曲。因此，设定K值，求前K个值中能够返回原歌曲的百分比，结果如图5.8所示，前十位能够返回原歌曲的比例为大于92%，CNN-ELM结果Hit@10会优于CNN-SVM，获得了更接近人工标注语义的结果。

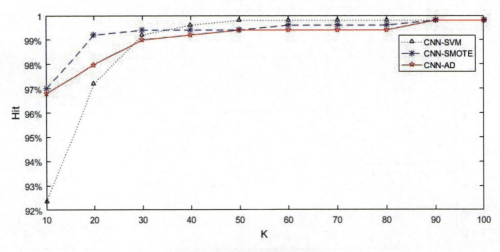

图5.8 改进模型检索准确的比较

5.6　本章小结

本章提出使用卷积神经网络模型获取音乐语义特征，根据语义特征为音乐产生语义标注，与GMM模型相比，获得了更好的标注结果。能够将整首歌曲映射到语义空间，在人工标注的语义空间中进行检索，获得较高命中率。因此，本书中的算法为基于示例语义的音乐检索提供了一种可行且高效的方法。为了改进数据集还存在人工标注音乐较少且标签分布不均等问题，还提出了损失函数调整和SMOTE算法使得算法在标注样本数量较少的标签标注效果。

实验结果表明，基于示例歌曲语义向量，而不是简单的几个文本关键词进行检索，能获得语义上更相似的结果，是一种更自然的检索方法。根据标签的标记频率，我们对卷积神经网络输出层损失函数进行了权值调整，充分考虑了低频标记标签对模型学习的影响。同时，采用了SMOTE算法对低频标记标签生成了新样本，从而得到了更好的标记结果。但是，该方法需要对语义向量词汇表中的每个标签样本集进行扩展，这意味着要对每个标签学习各自独立的标记模型，需要花费较大的时间成本。今后的工作将研究进一步改进算法适应性，获得更好的语义标注效果，以改善整个歌曲的语义检索结果。

第 6 章

基于示例语义的音乐检索与交互技术应用

基于语义描述的音乐检索是从音乐语义描述文件和人对音乐的主观感受出发，检索音乐信息的一种方式。与传统的基于内容音乐检索和基于文本元数据的音乐检索方式不同，基于语义的检索系统是在有监督的多类别标记模型基础上，对音乐实现语义标签的自动化标记，进一步将音乐内容映射到语义空间向量。在语义空间，比较音乐语义向量之间的相似度，从而得出检索结果。

同时，设计一个合理的用户交互模型是非常重要的，能够接收用户对音乐的主观感受，进行交互式的检索或推荐音乐信息，提高检索效率。通过交互界面收集的标注信息可以扩展音乐标注数据集，改善有监督标记模型标注效率。本文设计了一个基于语义和交互的音乐检索模型，且开发了原型系统，对音乐信息检索有重要的理论价值和实际意义。

6.1 音乐检索交互系统

在音乐中体会到的语义，如情绪、风格等用户主观感受，是鼓励人们去聆听和追求音乐的重要因素之一。而作为音乐高级语义特征，音乐语义的识别及基于语义的检索，一直是音乐信息检索领域研究者研究的难点和热点。音乐低层物理特征与高层语义特征之间的"鸿沟"，曾经困扰和制约着基于内容的音乐检索研究的发展。随着技术的发展和研究的深入，研究者通过各种方式建立音乐特征与语义间的联系，逐步缩小鸿沟。

许多研究工作，如基于音频特征进行情感分类，基于音乐歌词辅助的情感分类，音频特征与歌词文本结合，音频特征歌词文本及社会化标注的情感分类等，使得音乐情感分类目前已经取得了较好的效果。一些系统将音乐语义标注系统实现为有监督多标签标注系统，使得基于音乐语义的检索得以实现，人们可以检索到符合特定语义标签的音乐。但语义的体会往往因人而异，有很强的主观性和个性化特点。

此外，类似的音乐数据库多集中在西方音乐中，对中文歌曲鲜有完成自动化语义标注的音乐数据库。开发一个基于语义的音乐检索交互系统，是在完成自动化语义标签标注基础上，设计用户交互界面，以完成用户语义检索需求。同时，利用该系统可以广泛收集用户对歌曲新的标注信息，特别是中文歌曲的标注，有助于中文音乐信息检索的进一步发展。因此，本文提出的基于语义的音乐检索交互系统研究开发工作是十分必要的。

音乐信息检索是一个跨学科领域，专注于从音频信号中自动提取信息，并能够搜索出音乐相关信息。近年来，音乐信息检索领域研究不仅侧重于提高音乐检索的效率（例如在性能方面），而且还涉及对从音乐数据集中检索到的数据分析。在音乐信息检索系统中，集合了包括社交网络系统、互联网广播电台和互联网音乐商店在内的音乐相关推荐服务[192-193]。

如Stewart和Sandler[194]所指出的，音乐信息检索应用程序可能适用于具有高度明确任务的专业用户或一般消费者。因此，人们对于音乐浏览或搜索界面需要考虑人为因素。它们既要能够表现音乐内容，即音频信号的物理特征，又要充分考虑用户搜索和浏览音乐的行为，这表明音乐检索交互系统在音乐信息检索中扮演着越来越重要的角色。

在音乐检索系统中，不少国外系统都曾有过突出的贡献。如Brazil等人[195]提出的"Sonic Browser"音乐交互系统是一种使用声音空间化和上下文概述可视化技术存取声音或收集的工具。其目的是将音频信号对应的属性映射到视觉显示上。例如，文件大小可以由视觉符号的大小表示，水平和垂直位置可能与日期和时间相关联。用户接口是一个可视化界面，其中，Y轴表示X轴上文件名的文件大小。灰色阴影圆圈内的所有声波对象同时播放光标周围的立体声空间。

另一个用于浏览音乐数据集的创新系统是nepTune[196]。它对给定数字音乐文件的任意集合创建一个虚拟场景，允许用户在该集合中自由导航。聚类算法被用于生成3D岛景观，用户可以听到最接近他/她的声音相对于用户当前的位置通过环绕声系统。Music Finder[197]也是一个音乐推荐搜索引擎，该服务允许以三维地图的形式把收集的乐曲呈现在服务器上，可以观察数据库的特定轨迹之间的关系。

Musicovery[198]是2006年在法国由Castaignet和Vavrille创建的互动式互联网广播电台。系统根据用户的心情创建包含推荐曲目的播放列表。用户预期偏好的播放列表是基于获得的分类建立的。可以从指定的10年中选择音乐作品。该服务以表示音乐作品之间的关系的地图形式显示推荐。

文献[199]中提出了"HerdIt"，这是一款具有竞争力的多玩家在线游戏，具有收集音乐标签的潜能，HerdIt是以用户为中心的设计过程，并表明该游戏可以收集音乐和社交数据。数据可以用于构建自动将音乐与标签相关联的机器学习模型中，它与以前"游戏有目的"的不同之处在于它被设计为社交，游戏运行在Facebook在线社交网络上，得分是"HerdIt"在一个社会环境中的音乐呈现，将人口统计学语境添加到收集的语义音乐描述中。但在中文歌曲数据集中，尚缺乏有效的自动化语义标注和交互式检索系统，因此迫切需要设计和开发相关模型，以适应众多中文歌曲信息检索和消费需求。

6.2　基于语义的音乐检索交互系统框架

基于语义的音乐检索交互模型框架如图6.1所示，从原始音频底层特征（如常用的MFCC系数）出发，利用语义标注模型，将音频内容映射到基于标签的语义特征空间，试图跨越声学特征的提取困难，找到原始信号与语义之间的联系。

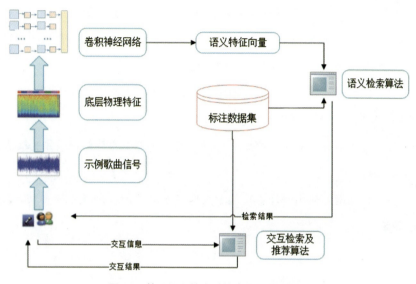

图6.1 基于语义的音乐检索交互模型框架

同时，对从音乐数据库中爬取到的音乐也使用训练好的模型完成自动标注，使检索示例与音乐数据库在语义空间中进行相似度的比较，获得语义相关的音乐，设计良好的用户交互界面，将语义信息充分表达给用户，同时方便用户对语义表达方式做相应的修改，便于用户表达个人对某个音乐的主观感受。保存用户对歌曲的标注信息，有利于扩展中文音乐数据集，进而优化有监督标记算法效率，设计了用户语义配置文件，用于音乐推荐及查询扩展。该系统能够更自然、准确地获取用户检索意图，使用户获得更好的检索体验，方便用户找到和发现"想"要的歌曲。

6.3 基于语义的音乐检索交互系统设计

6.3.1 基于语义的音乐检索算法实现

在前期工作中，提出了基于卷积神经网络的音乐语义自动化标注算法，在该算法基础上,将标注音乐数据集 $D \equiv \{(x_i, y_j)\}_{j=1}^c$,该数据集中每首音乐被表示成一个 d 维的特征向量 x_i, $x_i \in X$, X 是数据集, i 是数据集中音乐的序号, j 是语义空间中语义标签的序号。实现过程如下:

(1)按照设计好的卷积神经网络结构,使用已知标记数据集中 x_i 和 y_j 间的关系训练网络,得到网络参数 W^k, b_k;

(2)使用训练好的网络模型,将待检索数据集中的每首音乐作为输入,得到网络输出 y_{out}^p;

(3)根据网络输出,计算待检索数据集中每首音乐的语义向量,得到语义向量集:

$$S_{sementic}^X = \frac{1}{p} \sum_{j=1}^p y_{out}^p \quad (6.1)$$

(4)将示例音乐作为卷积神经网络输入,得到网络输出值 y_{out}^q,计算示例音乐 q 的语义向量 $S_{sementic}^q$;

(5)计算 $S_{sementic}^X$ 和 $S_{sementic}^q$ 之间的余弦距离 R_s;

(6)令 X_{list} 是 R_s 值最小的前 n 首音乐的名称集合;

(7)输出 X_{list}。

6.3.2 基于交互信息的音乐推荐算法实现

为了充分利用用户交互信息,本书设计并实现了基于交互信息的推荐算法。通过该算法,可以根据用户当前正在播放的音乐信息,计算其语义向量,同时收集用户在交互界面上输入的语义标签,组成语义标签集。对标注数据集中的音乐,将其映射到语义向量集中,对该向量集中的音乐,使用K-means算法对其聚类。根据数据集中的音乐作品数量,聚成大小为20首歌曲的类别,将每个类别中心的语义向量集中起来组成语义向量核心集,从而减少相似度比较的次数,提高系统反馈速度。最后,将语义向量核心集中余弦距离最短的语义向量对应的音乐列表作为音乐推荐专辑,实现过程如下:

（1）输入用户当前播放音乐 q，标注音乐数据集 D，用户交互输入标签集 S_l；

（2）将用户当前播放的音乐 q 输入到训练好的卷积网络，得到网络输出 y_{out}^p；

（3）计算用户当前播放音乐 q 的语义向量：

$$S_{\text{sementic}}^q = \frac{1}{p} \sum_{j=1}^{p} y_{\text{out}}^j \quad (6.2)$$

（4）为标注音乐数据集 D 中的每首音乐 x_i 计算语义向量 $S_{\text{sementic}}^{x_i} = \frac{1}{p} \sum_{j=1}^{p} y_{\text{out}}^j$，得到语义向量集 S_{sementic}^X；

（5）使用 $K\text{-}Means$ 算法对语义向量集聚类，根据音乐数据集中歌曲数量确定类别个数，选取每个类别的中心组成语义向量核心集 S_{sementic}^H；

（6）计算 S_{sementic}^q 与语义向量核心集 S_{sementic}^H 中每个向量的余弦距离，得到语义最相似的音乐语义向量 S_{sementic}^T；

（7）返回 S_{sementic}^T 所在类别中的所有歌曲列表作为推荐音乐专辑 Album_R。

6.3.3 用户语义配置文件的生成

用户与音乐、标签之间有密不可分的关系，如果以音乐为纽带，建立起用户与语义标签之间的关系，就可以用来发现用户的收听习惯和音乐兴趣，输入用户注册 UID，用户播放音乐记录集 D_u，生成用户语义配置文件 User_profile，生成过程如下：

（1）If $D_u = \varnothing$，新建 User_profile，插入 UID，用户语义向量 $S_u \equiv \langle 0,0,\dots,0 \rangle$，用户语义向量长度为语义标签个数 c；

（2）While $D_u \neq \varnothing$，取 D_u 中的一首歌曲语义向量与用户语义向量 S_p 按位求和，并赋值给 S_u，即 $S_u = S_u + S_p$；

（3）设置阈值 T，对 S_u 中累加得到的 c 个值排序，排在 Top-T 位的标签置为1，其余标签位置为0；

（4）按照UID，使用S_u更新相应User_profile。

通过该过程，对音乐语义向量中的标签收集了用户播放的次数，且标签按照收听次数排序，将排在前几位的标签设置为用户的兴趣点，存放在用户语义配置文件中。利用配置文件，即可为用户推荐语义相似的音乐专辑。

6.4 系统实现

6.4.1 检索数据集的建立

本文使用了CAL500数据集[185]，该数据集包含了500首不同艺术家的作品，每首歌至少被3人独立标注。标注词集合包含174个标签，每首歌如果被80%以上的人（或至少两人）用某个词标注过，则在标注向量中值为1，否则值取0。同时为了使系统适用于中文歌曲使用环境，对中文音乐及其标签信息进行了爬取和补充，具体步骤如下：

1. 中文歌曲数据爬取

基于Python第三方库（Requests、Lxml）设计程序对百度音乐的信息爬取，爬取链接http://music.baidu.com/tag，爬取过程如下：

（1）从http://music.baidu.com/tag页面获取所有标签对应的url以及分类。

（2）逐个遍历获取各个标签url下的歌曲，例如遍历标签的url="http://music.baidu.com/tag/%E6%96%B0%E6%AD%8C"下的歌曲。（后面的url编码解码后为"新歌"，相当于遍历标签为新歌下的所有歌曲，"http://music.baidu.com/tag/新歌"）。

（3）遍历所有歌曲url，获取歌曲信息，以固定字符串格式写入文件，all_<标签名>.txt是所有歌曲的信息，每首歌曲的所有信息对应一行。

（4）运行结束，爬取完所有标签下的歌曲信息。

程序运行后会生成以下文件:

(1) file文件夹下保存的是各个主题,如场景、风格等。

(2) 主题文件夹下是标签名,如热门主题下有"80后""DJ舞曲"等,url_list.txt是各个标签对应的url。

(3) 标签名文件夹下面保存的是歌词(.lrc文件),all_<标签名>.txt是所有歌曲的信息。

2. 标签选择

为了将中英文数据集合并,对中英文标注标签进行了选择,首先将标签分为情感、风格、乐器、场景四大类。从CAL500数据集的174个标签中,剔除语义重复值,与爬取到的中文的标签语义对应求交集,最终选定33个中英文对照语义标签,标签分类及对应关系如表6.1所示。

表6.1 语义标签及其类别

标签类别	标签	标签类别	标签	标签类别	标签
情感	励志	风格	金属	乐器	口琴
	安静		布鲁斯		钢琴
	轻松		乡村		萨克斯
	喜悦		电子		小提琴
	激情		民谣	场景	背景音乐
	甜蜜		爵士		汽车
	浪漫		流行		旅行
	舒服		节奏布鲁斯		酒吧
	美好		摇滚		咖啡厅
	伤感		世界		婚礼
	深情	乐器	吉他		校园

3. 语义向量集生成

按照语义标签的选择及标注情况,语义向量 $S \equiv \langle y_0, y_1, \ldots, y_i, \ldots, y_c \rangle$,其中, $y_i = 1$,如果该歌曲被第 i 个标签标记过,否则 $y_i = 0$。根据标签标注情况,

可得到数据集中中英文歌曲对应的语义向量集，得到的语义向量集分为训练集和测试集，用于卷积神经网络的训练和测试。设计了数据库存储标签类别、标签及歌曲标注情况，且能够随时根据算法需要生成语义向量集。

根据标签选择及中文歌曲爬取策略，爬取并整理中文歌曲1000首。与CAL500数据集中的英文歌曲合并后，去除长度或标签不符的歌曲，数据集包含中英文歌曲共1483首。按照音乐推荐算法，对上述音乐进行聚类，形成推荐专辑70个。

6.4.2　检索交互系统实现

交互系统主要包含音乐检索、音乐语义交互及音乐推荐三大核心功能，系统界面设计及实现结果如下所述。

1. 音乐检索

音乐检索界面除接收用户输入的歌手专辑名称等信息，还可以通过滑动条接收用户对音乐心情的描述值，根据滑动条的取值，检索系统中符合语义描述值的歌曲信息，将检索结果反馈给用户。音乐检索界面如图6.2所示。

图6.2　音乐检索界面

2. 音乐语义交互

作为该系统最重要的交互界面，系统中设计了符合音乐语义标签表达的交互界面，如图6.3所示。其中，音乐场景表达为播放窗口背景颜色，且选择与使用场景语义相符的颜色与之对应，例如用紫色表征浪漫的婚礼场景。音乐风格使用一组表现不同音乐风格的人物图片表示，当音乐属于不同风格时，播放窗口中的人物造型会发生相应的改变。音乐中的乐器标签，使用播放窗口小圆圈中的乐器图标表示。同时，该歌曲表现出的情感，会对应地在情感按钮区域表现为选中状态，并且也使用了不同颜色表现与之对应的情感信息，如蓝色表示安静、红色表示激情等。

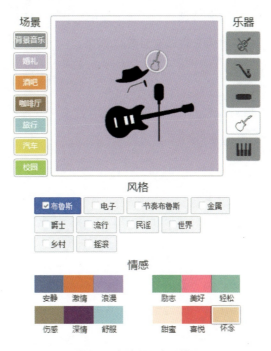

图6.3 音乐语义交互界面

该界面的使用包含三个方面：首先，当用户选中一首音乐播放时，系统从服务器端获取该歌曲的语义向量，解析歌曲都被哪些标签标注过，按照标签对应语义在界面上的表现形式，展现给用户。

其次，当用户对系统提供的语义不满或要做补充时，可以任意选择界面上的语义表达控件，保存自己的选择到服务器端。服务器端接收用户对歌曲的标注信息，存储在数据库临时表中，且判定当一首歌被不同用户标记次数超过一定值时，写入到歌曲标注信息表中。

最后，用户在交互界面上更改或选定语义控件后，退出播放界面时，系统接收用户语义控件值，转成语义向量，根据音乐交互推荐算法，将推荐结果显示在音乐推荐界面上。

3. 基于交互信息的音乐推荐

系统接收用户通过交互界面提交的语义信息后，会自动生成语义向量作为推荐示例，根据音乐交互推荐算法，从数据集中选择与示例语义最相似的音乐专辑显示给用户。音乐推荐专辑界面如图6.4所示。

图6.4 音乐推荐专辑界面

另外，系统设计并实现了用户注册、登录功能，登录用户将根据用户语义配置文件生成算法，为用户生成并保存用户语义配置文件到数据库中。当用户再次登录时,会按照用户语义配置文件中的语义向量,在数据集中检索语义最相似的专辑推荐到首页中。

6.5 本章小结

本章设计并实现了一个基于语义的交互式音乐检索系统,以卷积神经网络算法为基础实现了从音乐内容到音乐语义向量空间的映射,设计了具有丰富语义的交互界面,用于音乐语义的表达。设计了基于交互的音乐检索和推荐算法,且生成了用户语义配置文件,能够根据用户在交互界面上的相关操作,转化成语义向量,在数据集中检索语义相似的音乐,或为用户推荐符合用户语义的相关音乐专辑。爬取并整理了中英文数据集,通过交互系统实现了对标注数据集的更新和补充,从而加强了数据集的可扩展性。该原型系统的实现,对基于语义的音乐检索算法研究和开发音乐搜索引擎,都有较强的研究价值和实用价值。

第 7 章

人工智能在音乐检索技术中的应用

人们有效利用海量的、不断增长的在线和离线音乐数据为一首音乐自动分配一组合适的语义标签是检索和理解音乐语义的重要途径。基于内容的音乐自动标注模型被构建出来以完成音乐语义标签的自动生成工作，吸引了大量人工智能领域的研究者深入进行研究。

7.1 音乐语义提取及应用

7.1.1 音乐语义标注的深度神经网络模型

1. 融合多种音乐表现形式的语义音乐分层标注深度神经网络模型

融合多种音乐表现形式的语义音乐分层标注模型[200]是将注意力卷积网络（Attentive Convolutional Networks）和递归网络分层结合，用于音乐表示学习、结构建模和标签预测。该模型首先利用由多个门控线性单元（Gated Linear Units，GLU）组成的两个独立的注意力卷积网络，从音乐的一维原始波形信号和二维梅尔谱图中学习有效的表示，比起利用任何单一的表示通道的特征来说，更好地为标注任务捕获音乐的信息特征。

该模型利用双向长短时记忆网络（Long Short-Term Memory，LSTM）来描述嵌入在音乐描述序列中的时变结构，并进一步引入双模态LSTM网络来编码，两个表示通道之间的时间相关性有效地丰富了对音乐的描述。

最后，该模型采用一种自关注的多重加权机制，对每个时间点产生的音乐描述进行自适应的聚合，用于音乐标签的预测。该模型在公共音乐数据集上取得了最新的结果，证明了该模型在音乐标注上的有效性。

该研究工作提出了层次化的深层神经网络架构，结合一首乐曲的卷积和序列建模来推断其相关的语义标记。系统结构如图7.1所示，标注模型由三个端到端可训练构建块组成。

- 注意力卷积神经网络结构，具有两个并行分支、集成的多个选通线性单元（GLUs）和一维或二维卷积层，用于从原始波形和时间谱音乐数据中学习短期音乐表示。
- 一种基于RNN的分层模型，由两个先前的LSTM网络组成，用于在每个表示通道中建模音乐的长期时变序列结构，以及一个捕获两个并行表示通道之间时间相关性的双模态LSTM网络。
- 自我关注的嵌入和聚合机制，自适应地加权和聚合每个音乐描述对最终标签预测的贡献。

2. 基于统一潜在语义建模的音乐自动标注

在基于潜在空间建模的音乐内容自动标注方法[201]中，首先利用稀疏非负矩阵分解分析音乐标签的潜在语义；然后，将音乐内容分解成一个预先训练好的字典，学习音乐内容的语义，并采用自适应字典学习算法；最后，将这两个潜在空间关联到一个特定的子空间映射算法中。

实验结果表明，在五倍交叉验证实验中，该方法在CAL500数据集上的应用效果优于目前最先进的自动标注系统。

在这个音乐标签系统中，其架构如图7.2所示。该方法的训练过程可以分为三个步骤。

（1）通过潜在语义建模，将语境空间中的音乐标签投影到潜在概念空间。

（2）在内容空间，将从歌曲中提取的一系列音乐音频特征向量分解到一个预先训练好的词典中，每个特征向量由该词典中最相似的码字表示。通过统计歌曲中每个码字的出现次数，构造出该歌曲的码字直方图，并通过概率推理，学习码字直方图背后的潜在语义概念。

（3）通过适当的子空间映射将内容的音乐语义和音乐上下文联系起来。

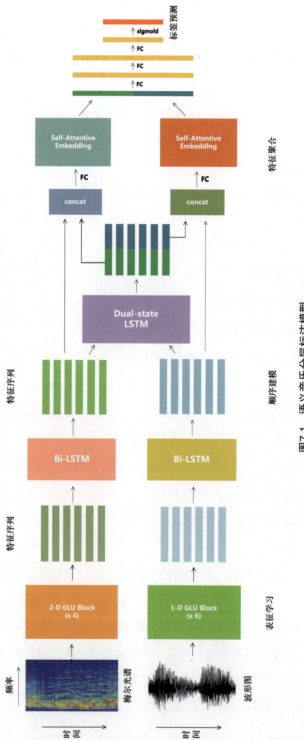

图7.1 语义音乐分层标注模型

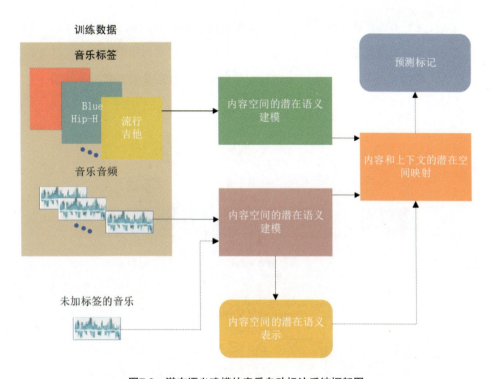

图7.2 潜在语义建模的音乐自动标注系统框架图

3. 音乐库元数据的语义对齐和统一访问

各种数字数据源，包括机构和正式的数字图书馆、大众来源的社区资源，以及BBC等媒体组织提供的数据源，公开了从音乐学术及听众感兴趣的信息，音乐库元数据就是由这些信息组成的。元数据描述了作品、作曲家、表演者以及更广泛的历史和文化背景。想要使跨越数据源的聚合访问变成可取的，就要梳理数据源提供的有关共享的真实实体的完整信息。

如果数据集不共享标识符，那么对不同数据来源就需要一个对齐过程，但这个过程充满了模糊性，使其自动化完成变得困难，而手动对齐可能耗时且容易出错。音乐库元数据的语义对齐和统一访问[202]问题，通过应用链接的数据模型和框架来帮助领域专家解决。基于文本和上下文相似度，自动生成候选对齐结果。

对齐结果是根据用户可配置的加权图遍历来确定的。与用户专业知识一起获得确认或质疑候选建议的匹配决策。这些决策被集成到知识库中，支持进一步的迭代对齐，并简化了统一视图界面的创建。由音乐学家判断决策结果（见图7.3）。

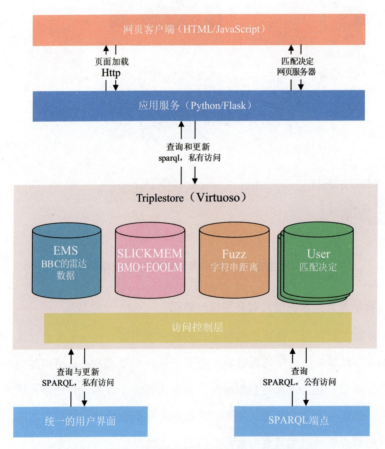

图7.3　音乐库元数据的语义对齐和统一访问系统结构

在这项研究中提出了这个框架的实现和评估，并与8位音乐学家进行了用户研究。该案例研究提供了对大英图书馆和其他来源的目录元数据和数字化乐谱图像的一致访问，以及英国广播公司第三广播电台早期音乐节目的广播数据。通过一个案例研究，进一步证明了这种方法的价值。

7.1.2 可解释模型音乐语义模型

音乐情感识别是音乐理解、推荐、检索和人机交互中的一个重要课题。机器学习方法在估计人类对音乐的情绪反应方面取得了巨大的成功。然而，很少有人关注情绪反应的语义解释。

中国传媒大学和新加坡国立大学的一项研究工作[203]，训练了一个声音和情感之间的可解释模型。使用过滤、包装和收缩方法选择重要特征，运用统计模型来建立和解释情绪模型。

首先，该系统提取了几个低层特征。然后运用多种常用的统计学习方法，如逻辑回归（Logistic Regression，LR）和基于树的方法建立训练模型，学习重要特征。同时，采用LR、支持向量机（SVM）和线性判别分析（LDA）结合收缩法对音乐信号进行重要特征选择、稀疏模型生成和分类。收缩法一方面可以去除噪声特征，选择重要特征，另一方面又可以控制估计系数的方差，防止过拟合，以提高拟合模型的预测精度。

7.2 跨模态音乐检索

7.2.1 音乐-视频跨模态检索

到目前为止，针对特定视频的跨模态音乐检索研究有限。此外，现有的研究大多依赖于元数据，如关键字、标记或相关描述，这些元数据必须单独生成并附加在后面。Sungeun Hong[204]等人提出一种新的基于内容的跨模式视频音乐检索方法。该方法通过模态间的排序损失来训练网络，使得语义相似的视频和音乐在嵌入空间中紧密地结合在一起。但是，如果仅使用模态间排序约束进行嵌入，模态特定特征可能会丢失。为了解决这一问题，采用一种新的软内模结构损失方法。该方法在嵌入前，利用内模样本之间的相对距离关系。最后，构建了一个大规模的200KB视频—音乐配对基准。这项研究所有的数据集和源代码都可以在开源社区Github上找到（https://github.com/csehong/VM-NET）。

这项研究提出的方法框架如图7.4所示，以视频及其伴奏音乐为输入，通过预先训练的卷积神经网络提取视频特征，通过低级音频特征提取器提取音乐特征。对于每一种模态，特征被聚合并输入到一个双流神经网络中，然后是一个嵌入层。整个嵌入网络有两个不同目的的损失训练：模态间关系的排序损失和软模态内结构的损失。每个虚线箭头表示可以训练的流，而实心箭头表示不可以训练的流。

7.2.2　音乐-歌词跨模态检索

深度跨模态学习在跨模态多媒体检索中表现出了优异的性能，其目的是学习不同数据模式之间的联合表示。有研究关注跨模态相关学习，其中不同数据模式的时间结构，如音频和歌词，被考虑在检索过程中。从音乐的时间结构特征出发，学习音频和歌词之间的深层次的序列相关性。

在深度跨模态相关学习架构中，包含两个分支的深度神经网络，用于音频模态和文本模态（歌词）。将不同模式下的数据转换到同一个典型空间中，以多式相关分析为目标函数计算时间结构的相似性。

日本国立情报研究所YiYu[205]等人提出使用深层架构来学习音频和歌词之间的时间相关性的研究。首先预训练一个Doc2Vec模型接全连接层用来表示歌词。然后建立一种端到端的音频和歌词互相关学习网络，该网络同时进行特征提取和相关学习，并通过考虑时间结构来学习联合表示。同时，通过一个简短的局部摘要序列来表示音频信号（VGG16特征），完成特征提取，并应用递归神经网络来计算一个紧凑的特征，该特征能够更好地学习音乐音频的时间结构。

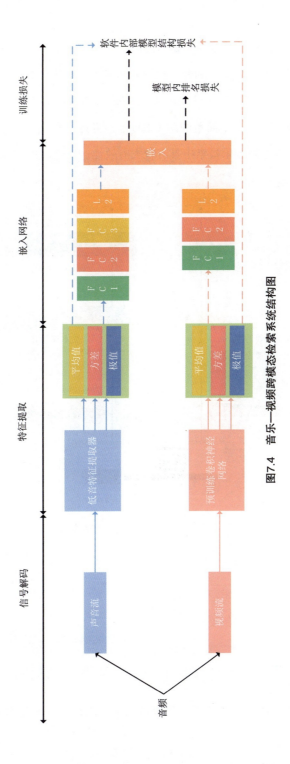

图7.4 音乐—视频跨模态检索系统结构图

图7.5显示了所提出的端到端DCCA网络，其目的是同时学习特征提取网络（CNN或RNN用于音频分支）和非线性嵌入网络用于音频和歌词之间的相关性分析。当CNN/RNN模型被一个只用于特征提取而不需要再训练的预训练模型代替时，该模型退化为一个简单的DCCA网络。实验结果验证了所提出的深度相关学习结构在跨模态音乐检索中具有较大有效性。

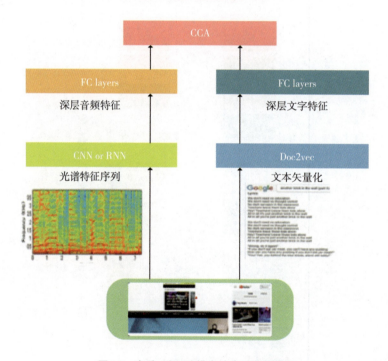

图7.5　音乐–歌词跨模态检索系统结构图

7.3　智能音乐交互及发现工具

7.3.1　基于LibROSA的音乐信息检索系统评估工具

音乐可能是对社会和文化影响最大的纽带。对农村及偏远地区的人们来说，在教室里受正规音乐教育是一件花费较高的事情。尽管视频讲座通常可以在互联网上免费获取，但学习和评估的过程仍然依赖于传统的师生教学。因此，需要一个自动工具来指定对音乐的分析和评估过程。

基于LibROSA的音乐信息检索系统[206]就是专门为解决上述问题提供的一个解决方案。在该系统中用户可以在乐器（以钢琴为例）上弹奏音符或乐曲，然后根据选定的基准音频文件（称为"教师"文件）来评估演奏水平。该技术考虑了与乐器伴奏的响度、节奏、侧翻频率、峰度、偏度和质心等多种特征，为评价过程提供了依据。该模型强调区分不同密钥的特征，并借助Essentia起始函数和LibROSA-python包实现，系统框架如图7.6所示。

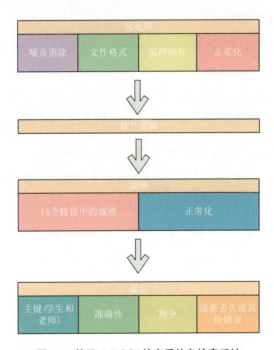

图7.6 基于LibROSA的音乐信息检索系统

该模型包括四个阶段：

（1）初始步骤包括对给定音频文件的预处理，包括噪声消除、格式化、采样和标准化。

(2)输出被传递到第二步。

(3)第二步的结果被传递到评分模块,该模块根据从相关特征获得的值提供一个标准化的分数。

(4)最后一步是在基于Django的前端生成结果(由漏掉的音符、播放的附加音符和分数组成)。

与传统的声音处理技术不同,该模型采用的噪声抵消是一种基于区间的概率模型,其特征值具有固定的取值范围,检测到的起始段将被视为噪声。根据仪器的调节,功能的各种值的范围是固定的。滤波器遵循多个滤波器的流水线版本,其中一个滤波器的输出充当另一个滤波器的输入。这可以确保声音文件中的噪声有效地被消除。

模型的初始步骤是将整个声音文件分成不同的段,断开是在"起始点"的基础上完成的。起始点是那些振幅的突然变化或者能量变化的点。起始检测技术利用Python库提供的起始检测功能。接着对音频信号信息检索过程中选取一些特征。该模型在已有文献的基础上,确定了区分钢琴不同琴键的特征,并确定了其音质为响度、节奏、滚转频率、峰度、偏度和质心。

为了获得更好、更快的结果,该方法分配了高效的度量手段。这些度量是根据从音频文件中提取的特征开发的。从原始音频信号中提取特征,使其与教师文件标准化,这是模式匹配算法比较两个文件的前提。预处理中包含的属性有音频文件级属性,如响度和节奏。

因此,该软件分为以下几个过滤模块:

(1)采用模糊逻辑消元的概念确定关键点及其质量度量。

(2)为了设计评分系统,采用串匹配方法,以便做出公正的判断。

(3)使用动态规划字符串匹配算法进行注释检测,以获得更好的分数。演奏的音符的准确率是通过比较音符来计算的。

该模型还设计了清晰的用户界面,它显示了准确的音符数、丢失的音符数和输入文件的标准化分数。

7.3.2 基于语义图表的音乐元数据复杂性建模

表示和检索与音乐创作、录音和表演等复杂事务相关的细粒度信息，是一项具有挑战性的活动。它的复杂性要求数据模型能够描述创新过程的不同结果，从分数的书写，到分数的表现和发布。

在图7.7中，展示了如何设计"DOREMUS"本体在音乐语义图表模型[207]中的扩展，表示来自不同图书馆和文化机构的音乐元数据，以及如何将这些数据发布为RDF图。系统设计并重新使用了几个受控词汇表，这些词汇表提供了共同的标识符，可以克服语言上的差异和所需概念的替代形式。图形相互关联，并与数据网络上的外部资源相连。另外系统还通过这些图来设计一个基于Web的应用程序，该应用程序提供了一个探索性的搜索引擎，用于向最终用户呈现复杂的音乐元数据。

最后，此模型还与探索性应用程序结合，研究如何适合于回答从专家那里收集的非琐碎问题，为迈向成熟的推荐引擎的做了初步的工作。

7.3.3 MusicWeb：具有开放链接语义元数据的音乐发现

MusicWeb[208]是一个在基于Web的应用程序中链接音乐艺术家以发现他们之间的关联的新平台。MusicWeb提供了一种浏览体验，使用的链接条件可以是音乐以外的或与音乐无关的，例如艺术家的政治关系或社会影响。也可以是来自音乐内部的，例如艺术家的主要乐器或最受欢迎的音乐键。该平台集成了来自各种语义Web、音乐推荐和社交媒体数据源的开放链接语义元数据。这些联系还通过对期刊文章、博客文章的主题分析和侧重于高层次音乐类别的基于内容的相似性度量来进一步补充。

该平台的核心功能依赖于可用的SPARQL端点以及各种商业和社区运行API。平台中不断补充新的服务，提供了使用自然语言处理和机器学习方法建立连接的替代方法。前端门户网站包含指向选定艺术家的建议链接和搜索功能，用户可以从中导航到各个艺术家页面。每个艺术家页面都包含一个传记、

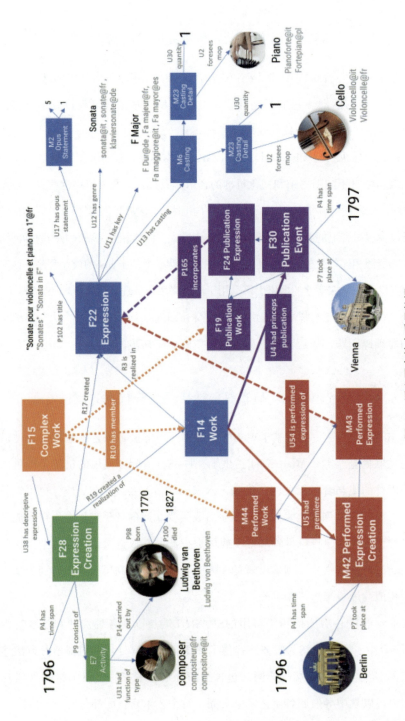

图7.7 语义图表的音乐元数据

一个在线音频播放列表和一系列Youtube视频，如图7.8所示，MusicWeb API使用许多LOD资源和语义Web本体来处理和聚合关于艺术家的信息。

图7.8　MusicWeb音乐发现平台

7.3.4　基于肢体动作相似度的舞蹈音乐检索系统

有趣的智能音乐交互系统还包括舞蹈音乐检索系统，它允许用户使用舞蹈动作检索音乐。当舞者在跳舞并寻找音乐播放时，他们有时会参考在线舞蹈视频，其中舞者使用与自己舞蹈相似的动作。

日本机器人技术巨头——日本产业技术综合研究所，开发了一个基于舞蹈动作的音乐查询系统[209]，它使用舞蹈者（用户）的视频作为输入查询来搜索舞蹈视频数据库。查询视频是使用普通的RGB相机（不获取深度信息）录制的，如智能手机相机。分析查询中的姿势和动作，并用于检索具有相似姿势和动作的舞蹈视频。该系统允许用户浏览其检索到的视频附带的音乐，以便用户可以查找适合他们跳舞的乐曲。

这里一个有趣的问题是，基于舞蹈动作的最相似视频的简单搜索有时会包含与预期舞蹈类型不匹配的结果。该系统用一种类似于Tf-Idf的新方法来解决这个问题，在检索视频时加权舞蹈动作的重要性。对四种舞蹈类型进行了对比实验，证实了该系统对三种舞蹈类型（Waack，Pop，Break）平均获得三个或更多的评价点。

在发现舞者步骤中，系统使用OpenPose库估计所有视频帧中的人的骨架信息。舞蹈视频有时包含多人跳舞的帧，或者OpenPose库有时在没有人的帧上错误地检测骨骼信息。因此，系统通过分析每个帧中检测到的所有骨骼来选择代表主要舞者的骨骼。

首先，通过将宽度乘以区域的高度来计算检测到的每个骨架所占用的区域。宽度被定义为沿检测骨骼的X轴方向的最大值和最小值之间的差异。高度被定义为骨骼Y轴方向上的最大值和最小值之间的差异。然后，通过平均所有帧中的骨架位置来获得视频中舞者的位置。为每个舞者计算从整个帧图像的中心到舞者位置的距离。假设主舞者位于中心，则通过平均所有帧中的骨架位置来选择最大化的骨架作为视频中的主舞者（见图7.9）。

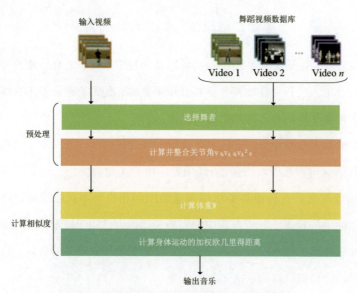

图7.9　基于舞蹈动作的音乐查询系统算法流程

7.3.5 语义音乐播放器

语义音乐播放器[210]是一个跨平台的Web和移动应用程序，它使用Ioic和Web音频API构建，探索在移动设备上播放音乐的新方法，特别是不确定的、依赖上下文的和交互式的方法（见图7.10）。

图7.10 基于语义的动态音乐音乐播放器手机应用界面

它基于动态音乐对象，一种以抽象方式表示音乐内容和结构的格式，使其在不可定义的约束下可修改。对于每个动态音乐对象，语义音乐播放器生成自定义图形界面，并根据其要求启用适当的用户界面控件和移动传感器。当回放对象时，播放器根据给定的结构信息和分析数据做出自发的决策，并对传感器和用户界面输入做出反应。

7.4 本章小结

本章归纳总结了深度学习等人工智能模型在音乐检索领域新的应用，重点介绍了音乐语义提取、跨模态检索技术及智能音乐交互工具上的应用。卷积神经网络、长短时记忆网络及注意力机制，这些人工智能领域热门的模型及技术，被广泛地应用于音乐语义理解及表达当中，从而推动音乐商业、研究、教育等各个行业的蓬勃发展。音乐正在作为人工智能技术与人类语义连接的重要纽带，使得技术走向人类情感，进而推动技术理解情感，更好地为人类思想服务作出重要贡献。在此过程中，离不开人工智能领域专家和音乐领域专家的沟通、交流，希望音乐能够成为人工智能探视人类情感的一扇窗口，技术专家可以由此深入理解和研究技术发展，并且推而广之应用到人类情感表达的更多不同形式当中。

参考文献